जावेद अख़्तर

शायर, पटकथाकार और गीतकार जावेद अख़्तर ऐसे गिने-चुने लोगों में हैं जो व्यावसायिक सिनेमा से लेकर शायरी और अदब तक की दुनिया में विशेष महत्त्व रखते हैं। भारतीय सिनेमा के इतिहास में जावेद अख़्तर का योगदान *ज़ंजीर, दीवार* और *शोले* जैसी फ़िल्मों के कालातीत महत्त्व से आँका जाता है जिनकी पटकथाएँ उन्होंने सलीम ख़ान के साथ मिलकर लिखी थीं। उर्दू और हिन्दी में प्रकाशित नज़्मों और ग़ज़लों की उनकी किताबों *तरकश* और *लावा* को हर तरह की सफलता मिली है। उन्होंने ऐसे फ़िल्मी गीत लिखे हैं जिनका न केवल अनुकरण किया गया बल्कि उनसे नई परम्परा की शुरुआत भी हुई। आज सिनेमा और साहित्य के क्षेत्र में जावेद अख़्तर अत्यन्त सफल और सम्माननीय व्यक्ति हैं।

पद्मश्री, पद्म भूषण, साहित्य अकादेमी पुरस्कार, पद्मपाणि लाइफ़टाइम अचीवमेंट पुरस्कार और पाँच राष्ट्रीय फ़िल्म पुरस्कारों के अलावा अन्य कई महत्त्वपूर्ण पुरस्कारों से सम्मानित जावेद अख़्तर राज्यसभा के सदस्य भी रह चुके हैं। उन्हें उनकी धर्मनिरपेक्ष वैचारिकी, स्वतंत्र और दृढ़ आलोचकीय दृष्टि और मानवीय मूल्यों की पक्षधरता के लिए 2020 के प्रतिष्ठित *रिचर्ड डॉकिंस सम्मान* से भी सम्मानित किया गया है।

लेखक की अन्य कृतियाँ

शायरी

लावा

साक्षात्कार

सिनेमा के बारे में

आलोचना

सीपियाँ

तरकश

जावेद अख़्तर

राजकमल पेपरबैक्स

राजकमल पेपरबैक्स में
पहला संस्करण : दिसम्बर, 1995
तीसवाँ संस्करण : मई, 2025

राजकमल पेपरबैक्स : उत्कृष्ट साहित्य के जनसुलभ संस्करण

राजकमल प्रकाशन प्रा. लि.
1-बी, नेताजी सुभाष मार्ग, दरियागंज
नई दिल्ली-110 002
द्वारा प्रकाशित

शाखाएँ : अशोक राजपथ, साइंस कॉलेज के सामने, पटना-800 006
पहली मंजिल, दरबारी बिल्डिंग, महात्मा गांधी मार्ग, प्रयागराज-211 001
1, अनमोल सोराबजी संतुक लेन, धोबी तलाव, मरीन लाइंस, मुम्बई-400 002

वेबसाइट : www.rajkamalprakashan.com
ई-मेल : info@rajkamalprakashan.com

विकास कंप्यूटर एंड प्रिंटर्स
ट्रॉनिका सिटी-201 102
द्वारा मुद्रित

मूल्य : ₹299

TARKASH
Poetry by Javed Akhtar

ISBN : 978-81-267-0726-3

शबाना के नाम

"...अपनी ज़िन्दगी में तुमने क्या किया? किसी से सच्चे दिल से प्यार किया? किसी दोस्त को नेक सलाह दी? किसी दुश्मन के बेटे को मोहब्बत की नज़र से देखा? जहाँ अँधेरा था वहाँ रौशनी की किरन ले गए? जितनी देर तक जिये, इस जीने का क्या मतलब था?..."

—कृश्न चन्दर

अपने बारे में

लोग जब अपने बारे में लिखते हैं तो सबसे पहले यह बताते हैं कि वो किस शहर के रहने वाले हैं—मैं किस शहर को अपना शहर कहूँ?...पैदा होने का जुर्म ग्वालियर में किया लेकिन होश सँभाला लखनऊ में, पहली बार होश खोया अलीगढ़ में, फिर भोपाल में रहकर कुछ होशियार हुआ लेकिन बम्बई आकर काफ़ी दिनों तक होश ठिकाने रहे, तो आइए ऐसा करते हैं कि मैं अपनी ज़िन्दगी का छोटा-सा फ़्लैश बैक बना लेता हूँ। इस तरह आपका काम यानी पढ़ना भी आसान हो जाएगा और मेरा काम भी, यानी लिखना।

शहर लखनऊ...किरदार—मेरे नाना, नानी, दूसरे घरवाले और मैं...मेरी उम्र आठ बरस है। बाप बम्बई में है, माँ क़ब्र में। दिन-भर घर के आँगन में अपने छोटे भाई के साथ क्रिकेट खेलता हूँ। शाम को ट्यूशन पढ़ाने के लिए एक डरावने-से मास्टर साहब आते हैं। उन्हें पन्द्रह रुपए महीना दिया जाता है (यह बात बहुत अच्छी तरह याद है, इसलिए कि रोज़ बताई जाती थी)। सुबह ख़र्च करने के लिए एक अधन्ना और शाम को एक इकन्नी दी जाती है, इसलिए पैसे की कोई समस्या नहीं है। सुबह रामजी लाल बनिए की दुकान से रंगीन गोलियाँ ख़रीदता हूँ और शाम को सामने फ़ुटपाथ पर खोमचा लगाने वाले भगवती की चाट पर इकन्नी लुटाता हूँ। ऐश ही ऐश है। स्कूल खुल गए हैं।

मेरा दाख़िला लखनऊ के मशहूर स्कूल कॉल्विन ताल्लुक़ेदार कॉलेज में छठी क्लास में करा दिया जाता है। पहले यहाँ सिर्फ़ ताल्लुक़ेदारों के बेटे पढ़ सकते थे, अब मेरे जैसे कमज़ातों को भी दाख़िला मिल जाता है। अब भी बहुत महँगा स्कूल है...मेरी फ़ीस सत्रह रुपये महीना है (यह बात बहुत अच्छी तरह याद है, इसलिए कि रोज़...जाने दीजिए)। मेरी क्लास में कई बच्चे घड़ी बाँधते हैं। वो सब बहुत अमीर घरों के हैं। उनके पास कितने अच्छे-अच्छे स्वेटर हैं। एक के पास तो फ़ाउन्टेन पेन भी है। यह बच्चे इन्टरवल में स्कूल की कैन्टीन से आठ आने की चॉकलेट ख़रीदते हैं (अब भगवती की चाट अच्छी नहीं लगती।) कल क्लास में राकेश कह रहा था उसके डैडी ने कहा है कि वो उसे पढ़ने के लिए इंग्लैंड भेजेंगे। कल मेरे नाना कह रहे थे... अरे कमबख़्त! मैट्रिक पास कर ले तो किसी डाकख़ाने में मोहर लगाने की नौकरी तो मिल जाएगी। इस उम्र में जब बच्चे इंजन ड्राइवर बनने का ख़्वाब देखते हैं, मैंने फ़ैसला कर लिया है कि बड़ा होकर अमीर बनूँगा...

शहर अलीगढ़...किरदार—मेरी ख़ाला, दूसरे घरवाले और मैं...मेरे छोटे भाई को लखनऊ में नाना के घर में ही रख लिया गया है और मैं अपनी ख़ाला के हिस्से में आया हूँ जो अब अलीगढ़ आ गई हैं। ठीक ही तो है। दो अनाथ बच्चों को कोई एक परिवार तो नहीं रख सकता। मेरी ख़ाला के घर के सामने दूर जहाँ तक नज़र जाती है, मैदान है। उस मैदान के बाद मेरा स्कूल है...नवीं क्लास में हूँ, उम्र चौदह बरस है। अलीगढ़ में जब सर्दी होती है तो झूठमूठ नहीं होती। पहला घंटा सात बजे होता है। मैं स्कूल जा रहा हूँ। सामने से चाक़ू की धार की जैसी ठंडी और नुकीली हवा आ रही है। छूकर भी पता नहीं चलता कि चेहरा अपनी जगह है या हवा ने नाक-कान काट डाले हैं। वैसे पढ़ाई में तो नाक कटती ही रहती है। पता नहीं कैसे, बस,

पास हो जाता हूँ। इस स्कूल में, जिसका नाम मिंटो सर्किल है, मेरा दाख़िला कराते हुए मेरे मौसा ने टीचर से कहा है...'ख़याल रखिएगा, इनका दिल पढ़ाई में कम, फ़िल्मी गानों में ज़्यादा लगता है'। दिलीप कुमार की *उड़न खटोला,* राजकपूर की *श्री चार सौ बीस* देख चुका हूँ। बहुत से फ़िल्मी गाने याद हैं, लेकिन घर में ये फ़िल्मी गाने गाना तो क्या, सुनना भी मना है इसलिए स्कूल से वापस आते हुए रास्ते में ज़ोर-ज़ोर से गाता हूँ (माफ़ कीजिएगा, जाते वक़्त तो इतनी सर्दी होती थी कि सिर्फ़ पक्के राग ही गाए जा सकते थे)। मेरा स्कूल यूनिवर्सिटी एरिया में ही है। मेरी दोस्ती स्कूल के दो-चार लड़कों के अलावा ज़्यादातर यूनिवर्सिटी के लड़कों से है। मुझे बड़े लड़कों की तरह होटलों में बैठना अच्छा लगता है। अक्सर स्कूल से भाग जाता हूँ। स्कूल से शिकायतें आती हैं। कई बार घरवालों से काफ़ी पिटा भी, लेकिन कोई फ़र्क़ नहीं पड़ा, कोर्स की किताबों में दिल नहीं लगा तो नहीं लगा। लेकिन नॉवलें बहुत पढ़ता हूँ। डाँट पड़ती है लेकिन फिर भी पढ़ता हूँ। मुझे शे'र बहुत याद हैं। यूनिवर्सिटी में जब भी उर्दू शे'रों की अंताक्षरी होती है, मैं अपने स्कूल की तरफ़ से जाता हूँ और हर बार मुझे बहुत से ईनाम मिलते हैं। यूनिवर्सिटी के सारे लड़के-लड़कियाँ मुझे पहचानते हैं। लड़के मुझे पहचानते हैं, मुझे इसकी ख़ुशी है; लड़कियाँ मुझे पहचानती हैं, इसकी थोड़ी ज्यादा ख़ुशी है।...अब मैं कुछ बड़ा हो चला हूँ...मैं पन्द्रह साल का हूँ और ज़िन्दगी में पहली बार एक लड़की को ख़त लिख रहा हूँ, मेरा दोस्त बीलू मेरी मदद करता है। हम दोनों मिलकर यह ख़त तैयार करते हैं। दूसरे दिन एक ख़ाली बैडमिंटन कोर्ट में वो लड़की मुझे मिलती है और हिम्मत करके मैं यह ख़त उसे दे देता हूँ। यह मेरी ज़िन्दगी का पहला और आख़िरी प्रेम-पत्र है (उस ख़त में क्या लिखा था, यह भूल गया लेकिन वो लड़की आज तक याद है)।

मैट्रिक के बाद अलीगढ़ छोड़ रहा हूँ। मेरी ख़ाला बहुत रो रही हैं और मेरे मौसा उन्हें चुप कराने के लिए कह रहे हैं कि तुम तो इस तरह रो रही हो, जैसे यह भोपाल नहीं war front पर जा रहा हो (उस वक़्त न वो जानते थे, न मैं जानता था कि मैं सचमुच war front पर ही जा रहा था)।

शहर भोपाल...किरदार—अनगिनत मेहरबान, बहुत से दोस्त और मैं...अलीगढ़ से बम्बई जाते हुए मेरे बाप ने मुझे भोपाल या यूँ कहिए आधे रास्ते में छोड़ दिया है। कुछ दिनों अपनी सौतेली माँ के घर में रहा हूँ। फिर वो भी छूट गया। सैफ़िया कॉलेज में पढ़ता हूँ और दोस्तों के सहारे रहता हूँ। दोस्त जिनकी लिस्ट बनाने बैठूँ तो टेलीफ़ोन डायरेक्ट्री से मोटी किताब बन जाएगी। आजकल मैं बी.ए. सैकेन्ड इयर में हूँ। अपने दोस्त एजाज़ के साथ रहता हूँ। किराया वो देता है। मैं तो बस रहता हूँ। वो पढ़ता है और ट्यूशन करके गुज़र करता है। सब दोस्त उसे मास्टर कहते हैं...मास्टर से मेरा किसी बात पर झगड़ा हो गया है। बातचीत बंद है इसलिए मैं आजकल उससे पैसे नहीं माँगता, सामने दीवार पर टँगी हुई उसकी पैंट में से निकाल लेता हूँ या वो बग़ैर मुझसे बात किए मेरे सिरहाने दो-एक रुपए रखकर चला जाता है।

मैं बी.ए. फ़ाइनल में हूँ, यह इस कॉलेज में मेरा चौथा बरस है। कभी फ़ीस नहीं दी...कॉलेज वालों ने माँगी भी नहीं, यह शायद सिर्फ़ भोपाल में ही हो सकता है।

कॉलेज के कम्पाउंड में एक ख़ाली कमरा, वो भी मुझे मुफ़्त दे दिया गया है। जब क्लास ख़त्म हो जाती है तो मैं किसी क्लास रूम से दो बेंच उठाकर इस कमरे में रख लेता हूँ और उन पर अपना बिस्तर बिछा लेता हूँ। बाक़ी सब आराम है बस बेंचों में खटमल बहुत हैं। जिस होटल में उधार खाता था वो मेरे जैसे मुफ़्तख़ोरों को उधार खिला-खिलाकर बंद हो गया है। उसकी जगह जूतों की दुकान खुल गई है। अब क्या खाऊँ। बीमार हूँ,

अकेला हूँ, बुख़ार काफ़ी है, भूख उससे भी ज़्यादा है। कॉलेज के दो लड़के, जिनसे मेरी मामूली-सी जान-पहचान है, मेरे लिए टिफ़िन में खाना लेकर आते हैं...मेरी दोनों से कोई दोस्ती नहीं है, फिर भी...अजीब बेवकूफ़ हैं, लेकिन मैं बहुत चालाक हूँ, उन्हें पता भी नहीं लगने देता कि इन दोनों के जाने के बाद मैं रोऊँगा। मैं अच्छा हो जाता हूँ। वो दोनों मेरे बहुत अच्छे दोस्त हो जाते हैं...मुझे कॉलेज में डिबेट बोलने का शौक़ हो गया है। पिछले तीन बरस से भोपाल रोटरी क्लब की डिबेट का ईनाम जीत रहा हूँ। इंटर कॉलेज डिबेट की बहुत-सी ट्राफ़ियाँ मैंने जीती हैं। विक्रम यूनिवर्सिटी की तरफ़ से दिल्ली यूथ फ़ेस्टिवल में भी हिस्सा लिया है। कॉलेज में दो पार्टियाँ हैं और इलेक्शन में दोनों पार्टियाँ मुझे अपनी तरफ़ से बोलने को कहती हैं...मुझे इलेक्शन से नहीं, सिर्फ़ बोलने से मतलब है इसलिए मैं दोनों की तरफ़ से तक़रीर कर देता हूँ।

कॉलेज का यह कमरा भी जाता रहा। अब मैं मुश्ताक़ सिंह के साथ हूँ। मुश्ताक़ सिंह नौकरी करता है और पढ़ता है। वो कॉलेज की उर्दू एसोसिएशन का सद्र है। मैं बहुत अच्छी उर्दू जानता हूँ। वो मुझसे भी बेहतर जानता है। मुझे अनगिनत शे'र याद हैं। उसे मुझसे ज़्यादा याद हैं। मैं अपने घरवालों से अलग हूँ। उसके घरवाले हैं ही नहीं।...देखिए हर काम में वो मुझसे बेहतर है। साल-भर से वो मुझसे खाने-कपड़े पर दोस्ती निभा रहा है यानी खाना भी वही खिलाता है और कपड़े भी वही सिलवाता है—पक्का सरदार है—लेकिन मेरे लिए सिग्रेट ख़रीदना उसकी ज़िम्मेदारी है।

अब मैं कभी-कभी शराब भी पीने लगा हूँ—हम दोनों रात को बैठे शराब पी रहे हैं—वो मुझे पार्टीशन और उस ज़माने के दंगों के क़िस्से सुना रहा है। वो बहुत छोटा था लेकिन उसे याद है—कैसे दिल्ली के करोलबाग़ में दो मुसलमान लड़कियों को

जलते हुए तारकोल के ड्रम में डाल दिया गया था और कैसे एक मुसलमान लड़के को...मैं कहता हूँ, "मुश्ताक़ सिंह! तू क्या चाहता है जो एक घंटे से मुझे ऐसे क़िस्से सुना-सुनाकर मुस्लिम लीगी बनाने की कोशिश कर रहा है—ज़ुल्म की ये ताली तो दोनों हाथों से बजी थी—अब ज़रा दूसरी तरफ़ की भी तो कोई वारदात सुना।"

मुश्ताक़ सिंह हँसने लगता है..."चलो सुना देता हूँ—जग-बीती सुनाऊँ या आपबीती?" मैं कहता हूँ, "आपबीती" और वो जवाब देता है, "मेरा ग्यारह आदमियों का ख़ानदान था—दस मेरी आँखों के सामने क़त्ल किए गए हैं..."

मुश्ताक़ सिंह को उर्दू के बहुत-से शे'र याद हैं—मैं मुश्ताक़ सिंह के कमरे में एक साल से रहता हूँ। बस एक बात समझ में नहीं आती—"मुश्ताक़ सिंह तुझे उन लोगों ने क्यों छोड़ दिया? तेरे जैसे भले लोग चाहे किसी जात किसी मज़हब में पैदा हों हमेशा सूली पर चढ़ाए जाते हैं—तू कैसे बच गया?"...आजकल वो ग्लासगो में है। जब हम दोनों अलग हो रहे थे तो मैंने उसका कड़ा उससे लेकर पहन लिया था और वह आज तक मेरे हाथ में है और जब भी उसके बारे में सोचता हूँ ऐसा लगता है कि वो मेरे सामने है और कह रहा है—

बहुत नाकामियों पर आप अपनी नाज़ करते हैं
अभी देखी कहाँ हैं, आपने नाकामियाँ मेरी

शहर बम्बई...किरदार—फ़िल्म इंडस्ट्री, दोस्त, दुश्मन और मैं...4 अक्टूबर, 1964, मैं बम्बई सेंट्रल स्टेशन पर उतरा हूँ। अब इस अदालत में मेरी ज़िन्दगी का फ़ैसला होना है। बम्बई आने के छह दिन बाद बाप का घर छोड़ना पड़ता है। जेब में सत्ताईस नए पैसे हैं। मैं ख़ुश हूँ कि ज़िन्दगी में कभी अट्ठाईस नए पैसे भी जेब में आ गए तो मैं फ़ायदे में रहूँगा और दुनिया घाटे में।

बम्बई में दो बरस होने को आए, न रहने का ठिकाना है न खाने का। यूँ तो एक छोटी-सी फ़िल्म में सौ रुपए महीने पर डायलॉग लिख चुका हूँ। कभी कहीं असिस्टेंट हो जाता हूँ, कभी एक-आध छोटा-मोटा काम मिल जाता है, अक्सर वो भी नहीं मिलता। दादर एक प्रोड्यूसर के ऑफ़िस अपने पैसे माँगने आया हूँ, जिसने मुझसे अपनी पिक्चर के कॉमेडी सीन लिखवाए थे। ये सीन उस मशहूर राइटर के नाम से ही फ़िल्म में आएँगे जो ये फ़िल्म लिख रहा है। ऑफ़िस बंद है। वापस बान्द्रा जाना है जो काफ़ी दूर है। पैसे बस इतने हैं कि या तो बस का टिकट ले लूँ या कुछ खा लूँ, मगर फिर पैदल वापस जाना पड़ेगा। चने ख़रीदकर जेब में भरता हूँ और पैदल सफ़र शुरू करता हूँ। कोहेनूर मिल्ज़ के गेट के सामने से गुज़रते हुए सोचता हूँ कि शायद सब बदल जाए लेकिन ये गेट तो रहेगा। एक दिन इसी के सामने से अपनी कार में गुज़रूँगा। एक फ़िल्म में डायलॉग लिखने का काम मिला है। कुछ सीन लिखकर डायरेक्टर के घर जाता हूँ। वो बैठा नाश्ते में अनानास खा रहा है, सीन लेकर पढ़ता है और सारे काग़ज़ मेरे मुँह पर फेंक देता है और फ़िल्म से निकालते हुए मुझे बताता है कि मैं ज़िन्दगी में कभी राइटर नहीं बन सकता। तपती धूप में एक सड़क पर चलते हुए मैं अपनी आँख के कोने में आया एक आँसू पोंछता हूँ और सोचता हूँ कि मैं एक दिन इस डायरेक्टर को दिखाऊँगा कि मैं...फिर जाने क्यों ख़याल आता है कि क्या ये डायरेक्टर नाश्ते में रोज़ अनानास खाता होगा।

...रात के शायद दो बजे होंगे। बम्बई की बरसात, लगता है आसमान से समंदर बरस रहा है। मैं खार स्टेशन के पोर्टिको की सीढ़ियों पर एक कमज़ोर से बल्ब की कमज़ोर-सी रौशनी में बैठा हूँ। पास ही ज़मीन पर इस आँधी-तूफ़ान से बेख़बर तीन आदमी सो रहे हैं। दूर कोने में एक भीगा हुआ कुत्ता ठिठुर रहा है। बारिश लगता है अब कभी नहीं रुकेगी। दूर तक ख़ाली अँधेरी सड़कों

पर मूसलाधार पानी बरस रहा है। ख़ामोश बिल्डिंगों की रौशनियाँ कब की बुझ चुकी हैं। लोग अपने-अपने घरों में सो रहे होंगे। इसी शहर में मेरे बाप का भी घर है। बम्बई कितना बड़ा शहर है और मैं कितना छोटा हूँ, जैसे कुछ भी नहीं हूँ। आदमी कितनी भी हिम्मत रखे, कभी-कभी बहुत डर लगता है।

...मैं अब साल-भर से कमाल स्टूडियो (जो कि अब नटराज स्टूडियो है) में रहता हूँ। कम्पाउंड में कहीं भी सो जाता हूँ। कभी किसी बरामदे में, कभी किसी पेड़ के नीचे, कभी किसी बेंच पर, कभी किसी कॉरीडोर में। यहाँ मेरे जैसे और कई बेघर और बेरोज़गार इसी तरह रहते हैं। उन्हीं में से एक जगदीश है, जिससे मेरी अच्छी दोस्ती हो जाती है। वो रोज़ एक नई तरकीब सोचता है कि आज खाना कहाँ से और कैसे मिल सकता है, आज दारू कौन और क्यों पिला सकता है। जगदीश ने बुरे हालात में ज़िन्दा रहने को एक आर्ट बना लिया है।

मेरी जान-पहचान अँधेरी स्टेशन के पास फ़ुटपाथ पर एक सेकंड हैंड किताब बेचनेवाले से हो गई है। इसलिए किताबों की कोई कमी नहीं है। रात-रात भर कम्पाउंड में जहाँ भी थोड़ी रौशनी होती है, वहीं बैठकर पढ़ता रहता हूँ। दोस्त मज़ाक़ करते हैं कि मैं इतनी कम रौशनी में अगर इतना ज़्यादा पढ़ता रहा तो कुछ दिनों में अंधा हो जाऊँगा...आजकल एक कमरे में सोने का मौक़ा मिल गया है। स्टूडियो के इस कमरे में चारों तरफ़ दीवारों से लगी बड़ी-बड़ी अलमारियाँ हैं जिनमें फ़िल्म *पाकीज़ा* के दर्जनों कॉस्ट्यूम रखे हैं। मीना कुमारी कमाल साहब से अलग हो गई हैं इसलिए इन दिनों फ़िल्म की शूटिंग बंद है। एक दिन मैं एक अल्मारी का खाना खोलता हूँ, इसमें फ़िल्म में इस्तेमाल होनेवाले पुरानी तरह के जूते-चप्पल और सैंडिल भरे हैं और उन्हीं में मीना कुमारी के तीन फ़िल्मफ़ेयर एवार्ड भी पड़े हैं। मैं उन्हें झाड़-पोंछकर अलग रख देता हूँ। मैंने ज़िन्दगी में पहली बार

किसी फ़िल्म एवार्ड को छुआ है। रोज़ रात को कमरा अन्दर से बंद करके, वो ट्रॉफ़ी अपने हाथ में लेकर आईने के सामने खड़ा होता हूँ और सोचता हूँ कि जब ये ट्रॉफ़ी मुझे मिलेगी तो तालियों से गूँजते हुए हाल में बैठे हुए लोगों की तरफ़ देखकर मैं किस तरह मुस्कुराऊँगा और कैसे हाथ हिलाऊँगा। इसके पहले कि इस बारे में कोई फ़ैसला कर सकूँ...स्टूडियो के बोर्ड पर नोटिस लगा है कि जो लोग स्टूडियो में काम नहीं करते वो कम्पाउंड में नहीं रह सकते। जगदीश मुझे फिर एक तरक़ीब बताता है कि जब तक कोई और इंतज़ाम नहीं होता हम लोग महाकाली की गुफाओं में रहेंगे (महाकाली अँधेरी से आगे एक इलाक़ा है जहाँ अब एक घनी आबादी और कमालिस्तान स्टूडियो है। उस ज़माने में वहाँ सिर्फ़ एक सड़क थी, जंगल था और छोटी-छोटी पहाड़ियाँ जिनमें बौद्ध भिक्षुओं की बनाई पुरानी गुफाएँ थीं, जो आज भी हैं। उन दिनों उनमें कुछ चरस-गाँजा पीनेवाले साधु पड़े रहते थे)। महाकाली की गुफाओं में मच्छर इतने बड़े हैं कि उन्हें काटने की ज़रूरत नहीं, आपके तन पर सिर्फ़ बैठ जाएँ तो आँखें खुल जाती हैं। एक ही रात में ये बात समझ में आ गई कि वहाँ चरस पीए बिना कोई सो ही नहीं सकता। तीन दिन जैसे-तैसे गुज़ारता हूँ। बान्द्रा में एक दोस्त कुछ दिनों के लिए अपने साथ रहने के लिए बुला लेता है। मैं बान्द्रा जा रहा हूँ। जगदीश कहता है, दो-एक रोज़ में वो भी कहीं चला जाएगा (ये जगदीश से मेरी आख़िरी मुलाक़ात थी। आनेवाले बरसों में ज़िन्दगी मुझे कहाँ से कहाँ ले गई मगर वो ग्यारह बरस बाद वहीं, उन्हीं गुफाओं में चरस और कच्ची दारू पी-पीकर मर गया और वहाँ रहनेवाले साधुओं और आसपास के झोंपड़पट्टी वालों ने चन्दा करके उसका क्रिया-कर्म कर दिया—क़िस्सा ख़तम। मुझे और उसके दूसरे दोस्तों को उसके मरने की ख़बर भी बाद में मिली। मैं अकसर सोचता हूँ कि मुझमें कौन-से लाल टँके हैं और जगदीश में ऐसी क्या ख़राबी

थी। ये भी तो हो सकता था कि तीन दिन बाद जगदीश के किसी दोस्त ने उसे बान्द्रा बुला लिया होता और मैं पीछे उन गुफाओं में रह जाता। कभी-कभी सब इत्तिफ़ाक़ लगता है। हम लोग किस बात पर घमंड करते हैं)।

मैं बान्द्रा में जिस दोस्त के साथ एक कमरे में आकर रहा हूँ वो पेशेवर जुआरी है। वो और उसके दो साथी जुए में पत्ते लगाना जानते हैं। मुझे भी सिखा देते हैं। कुछ दिनों उनके साथ ताश के पत्तों पर गुज़ारा होता है फिर वो लोग बम्बई से चले जाते हैं और मैं फिर वहीं का वहीं—अब अगले महीने इस कमरे का किराया कौन देगा। एक मशहूर और कामयाब राइटर मुझे बुला के ऑफ़र देते हैं कि अगर मैं उनके डायलॉग लिख दिया करूँ (जिन पर ज़ाहिर है मेरा नहीं उनका ही नाम जाएगा) तो वो मुझे छह सौ रुपये महीना देंगे। सोचता हूँ ये छह सौ रुपये इस वक़्त मेरे लिए छह करोड़ के बराबर हैं, ये नौकरी कर लूँ, फिर सोचता हूँ कि नौकरी कर ली तो कभी छोड़ने की हिम्मत नहीं होगी, ज़िन्दगी-भर यही करता रह जाऊँगा, फिर सोचता हूँ अगले महीने का किराया देना है, फिर सोचता हूँ देखा जाएगा। तीन दिन सोचने के बाद इनकार कर देता हूँ। दिन, हफ़्ते, महीने, साल गुज़रते हैं। बम्बई में पाँच बरस होने को आए, रोटी एक चाँद है हालात बादल, चाँद कभी दिखाई देता है, कभी छुप जाता है। ये पाँच बरस मुझ पर बहुत भारी थे मगर मेरा सर नहीं झुका सके। मैं नाउम्मीद नहीं हूँ। मुझे यक़ीन है, पूरा यक़ीन है, कुछ होगा, कुछ ज़रूर होगा, मैं यूँ ही मर जाने के लिए नहीं पैदा हुआ हूँ—और आख़िर नवम्बर 1969 में मुझे वो काम मिलता है जिसे फ़िल्मवालों की ज़बान में सही 'ब्रेक' कहा जाता है।

कामयाबी भी जैसे अलादीन का चिराग़ है। अचानक देखता हूँ कि दुनिया ख़ूबसूरत है और लोग मेहरबान। साल-डेढ़ साल में बहुत कुछ मिल गया है और बहुत कुछ मिलने को है। हाथ लगते

ही मिट्टी सोना हो रही है और मैं देख रहा हूँ—अपना पहला घर, अपनी पहली कार। तमन्नाएँ पूरी होने के दिन आ गए हैं मगर ज़िन्दगी में एक तनहाई तो अब भी है। *सीता और गीता* के सेट पर मेरी मुलाक़ात हनी ईरानी से होती है। वो एक खुले दिल की, खरी ज़बान की मगर बहुत हँसमुख स्वभाव की लड़की है। मिलने के चार महीने बाद हमारी शादी हो जाती है। मैंने शादी में अपने बाप के कई दोस्तों को बुलाया है मगर अपने बाप को नहीं (कुछ ज़ख़्मों को भरना अलादीन के चिराग़ के देव के बस की बात नहीं—ये काम सिर्फ़ वक़्त ही कर सकता है)। दो साल में एक बेटी और एक बेटा, ज़ोया और फ़रहान होते हैं।

अगले छह वर्षों में एक के बाद एक लगातार बारह सुपर हिट फ़िल्में, पुरस्कार, तारीफ़ें, अख़बारों और मैगज़ीनों में इंटरव्यू, तस्वीरें, पैसा और पार्टियाँ, दुनिया के सफ़र, चमकीले दिन, जगमगाती रातें—ज़िन्दगी एक टेक्नीकलर ख़्वाब है, मगर हर ख़्वाब की तरह यह ख़्वाब भी टूटता है। पहली बार एक फ़िल्म की नाकामी—(फ़िल्में तो उसके बाद नाकाम भी हुईं और कामयाब भी मगर कामयाबी की वो ख़ुशी और ख़ुशी की वो मासूमियत जाती रही)।

18 अगस्त, 1976 को मेरे बाप की मृत्यु होती है (मरने से नौ दिन पहले उन्होंने मुझे अपनी आख़िरी किताब ऑटोग्राफ करके दी थी, उस पर लिखा था—'जब हम न रहेंगे तो बहुत याद करोगे'। उन्होंने ठीक लिखा था)। अब तक तो मैं अपने आपको एक बाग़ी और नाराज़ बेटे के रूप में पहचानता था मगर अब मैं कौन हूँ! मैं अपने-आपको और फिर अपने चारों तरफ़, नई नज़रों से देखता हूँ कि क्या बस यही चाहिए था मुझे ज़िन्दगी से। इसका पता अभी दूसरों को नहीं है मगर वो तमाम चीज़ें जो कल तक मुझे ख़ुशी देती थीं, झूठी और नुमाइशी लगने लगी हैं। अब मेरा दिल उन बातों में ज़्यादा लगता है जिनसे दुनिया की

ज़बान में कहा जाए तो, कोई फ़ायदा नहीं। शायरी से मेरा रिश्ता पैदाइशी और दिलचस्पी हमेशा से है। लड़कपन से जानता हूँ कि चाहूँ तो शायरी कर सकता हूँ मगर आज तक की नहीं है। ये भी मेरी नाराज़गी और बग़ावत का एक प्रतीक है। 1979 में पहली बार शे'र कहता हूँ और ये शे'र लिखकर मैंने अपनी विरासत और अपने बाप से सुलह कर ली है। इसी दौरान मेरी मुलाक़ात शबाना से होती है। कैफ़ी आज़मी की बेटी शबाना भी शायद अपनी जड़ों की तरफ़ लौट रही है। उसे भी ऐसे हज़ारों सवाल सताने लगे हैं जिनके बारे में उसने पहले कभी नहीं सोचा था। कोई हैरत नहीं कि हम क़रीब आने लगते हैं। धीरे-धीरे मेरे अन्दर बहुत कुछ बदल रहा है। फ़िल्मी दुनिया में जो मेरी पार्टनरशिप थी, टूट जाती है। मेरे आसपास के लोग मेरे अन्दर होनेवाली इन तब्दीलियों को परेशानी से देख रहे हैं। 1983 में मैं और हनी अलग हो जाते हैं।

(हनी से मेरी शादी ज़रूर टूट गई मगर तलाक़ भी हमारी दोस्ती का कुछ नहीं बिगाड़ सका। और अगर माँ-बाप के अलग होने से बच्चों में कोई ऐसी कड़वाहट नहीं आई तो इसमें मेरा कमाल बहुत कम और हनी की तारीफ़ बहुत ज़्यादा है। हनी आज एक बहुत कामयाब फ़िल्म राइटर है और मेरी बहुत अच्छी दोस्त। मैं दुनिया में कम लोगों की इतनी इज़्ज़त करता हूँ जितनी इज़्ज़त मेरे दिल में हनी के लिए है।)

मैंने एक क़दम उठा तो लिया था मगर घर से निकल के कई बरसों के लिए मेरी ज़िन्दगी 'कटी उम्र होटलों में मरे अस्पताल जाकर' जैसी हो गई। शराब पहले भी बहुत पीता था मगर फिर बहुत ही ज़्यादा पीने लगा। ये मेरी ज़िन्दगी का एक दौर है जिस पर मैं शर्मिंदा हूँ। इन चन्द बरसों में अगर दूसरों ने मुझे बर्दाश्त कर लिया तो ये उनका एहसान है। बहुत मुमकिन था कि मैं यूँ ही शराब पीते-पीते मर जाता मगर एक सवेरे किसी की बात ने

ऐसा छू लिया कि उस दिन से मैंने शराब को हाथ नहीं लगाया और न कभी लगाऊँगा।

आज इतने बरसों बाद जब अपनी ज़िन्दगी को देखता हूँ तो लगता है कि पहाड़ों से झरने की तरह उतरती, चट्टानों से टकराती, पत्थरों में अपना रास्ता ढूँढती, उमड़ती, बलखाती, अनगिनत भँवर बनाती, तेज़ चलती और अपने ही किनारों को काटती हुई ये नदी अब मैदानों में आकर शान्त और गहरी हो गई है।

मेरे बच्चे ज़ोया और फ़रहान बड़े हो गए हैं और बाहर की दुनिया में अपना पहला क़दम रखने को हैं। उनकी चमकती हुई आँखों में आनेवाले कल के हसीन ख़्वाब हैं। सलमान, मेरा छोटा भाई, अमेरिका में एक कामयाब साइकोएनालिस्ट, बहुत-सी किताबों का लेखक, बहुत अच्छा शायर, एक मोहब्बत करनेवाली बीवी का पति और दो बहुत ज़हीन बच्चों का बाप है। ज़िन्दगी के रास्ते उसके लिए कुछ कम कठिन नहीं थे मगर उसने अपनी अनथक मेहनत और लगन से अपनी हर मंज़िल पा ली है और आज भी आगे बढ़ रहा है। मैं ख़ुश हूँ और शबाना भी, जो सिर्फ़ मेरी बीवी नहीं मेरी महबूबा भी है। जो एक ख़ूबसूरत दिल भी है और एक क़ीमती ज़हन भी। "मैं जिस दुनिया में रहता हूँ वो उस दुनिया की औरत है"—ये पंक्ति अगर बरसों पहले 'मजाज़' ने किसी के लिए न लिखी होती तो मैं शबाना के लिए लिखता।

आज यूँ तो ज़िन्दगी मुझ पर हर तरह से मेहरबान है मगर बचपन का वो एक दिन, 18 जनवरी, 1953 अब भी याद आता है। जगह लखनऊ, मेरे नाना का घर—रोती हुई मेरी ख़ाला, मेरे छोटे भाई सलमान को, जिसकी उम्र साढ़े छह बरस है और मुझे हाथ पकड़ के घर के उस बड़े कमरे में ले जाती हैं जहाँ फ़र्श पर बहुत-सी औरतें बैठी हैं। तख़्त पर सफ़ेद कफ़न में लेटी मेरी माँ

का चेहरा खुला है। सिरहाने बैठी मेरी बूढ़ी नानी थकी-थकी सी हौले-हौले रो रही हैं। दो औरतें उन्हें सँभाल रही हैं। मेरी ख़ाला हम दोनों बच्चों को उस तख़्त के पास ले जाती हैं और कहती हैं, अपनी माँ को आख़िरी बार देख लो। मैं कल ही आठ बरस का हुआ था। समझदार हूँ। जानता हूँ मौत क्या होती है। मैं अपनी माँ के चेहरे को बहुत ग़ौर से देखता हूँ कि अच्छी तरह याद हो जाए। मेरी ख़ाला कह रही हैं—इनसे वादा करो कि तुम ज़िन्दगी में कुछ बनोगे, इनसे वादा करो कि तुम ज़िन्दगी में कुछ करोगे। मैं कुछ कह नहीं पाता, बस देखता रहता हूँ और फिर कोई औरत मेरी माँ के चेहरे पर कफ़न ओढ़ा देती है...

ऐसा तो नहीं है कि मैंने ज़िन्दगी में कुछ किया ही नहीं है लेकिन फिर ये ख़याल आता है कि मैं जितना कर सकता हूँ उसका तो एक चौथाई भी अब तक नहीं किया और इस ख़याल की दी हुई बेचैनी जाती नहीं।

—जावेद अख़्तर

पेशलफ़्ज़
(प्राक्कथन)

जावेद अख़्तर हिन्दुस्तानी पॉप-कल्चर के एक निर्माता हैं और मौजूदा यप्पी-कल्चर के एक रौशन नुमाइंदे। उनकी फ़िल्मों का विवादग्रस्त प्रभाव-क्षेत्र इतना लम्बा-चौड़ा है कि उसके मुक़ाबले में एक गम्भीर साहित्यिक पुस्तक का एक हज़ार कॉपियों का संस्करण प्रशांत महासागर में तैरते मटर के दाने की हैसियत रखता है लेकिन वह अपने वंश की परम्परा के मुताबिक़ चावल पर क़ुल-हू-अल्लाह[1] भी लिख रहे हैं, लिहाज़ा मैं इस लेख में उनकी इसी पैतृक कारीगरी पर थोड़ी-सी रौशनी डालूँगी।

जावेद का नाम लोगों के ज़हन में एक जुलूस या क्रेडिट टाइटिल का रूप धर लेता है। मजाज़, सफ़िया, जाँनिसार अख़्तर, शबाना, कैफ़ी। ज़्यादा पढ़े-लिखे हज़रात 'मुज़्तर' ख़ैराबादी और मौलाना फ़ज़्ले-हक़ ख़ैराबादी को भी याद कर लेते हैं कि जावेद अख़्तर के पुरखे थे।

जावेद की वालिदा क़स्बा रुदौली, जिला बाराबंकी (अवध) की एक उच्च शिक्षाप्राप्त महिला थीं। वालिद जाँनिसार अख़्तर क़स्बा ख़ैराबाद, ज़िला सीतापुर (अवध) के एक मशहूर शिक्षाप्रेमी ख़ानदान से ताल्लुक़ रखते थे। उनको एक दरगाह की सज्जादानशीनी[2] भी विरासत में मिली थी।

---

1. कई कारीगर चावल के दाने पर क़ुरआन शरीफ़ की पूरी आयत लिख देते हैं। यहाँ अर्थ है : गागर में सागर भरना; 2. महंत की पदवी।

जानना चाहिए कि उत्तरी भारत की सभ्यता के ये केन्द्र रुहेलखंड, अवध और पूरब देस से लेकर बिहार तक फैले हुए थे और अपने मदरसों, पुस्तकालयों और शिक्षाप्रेमी ख़ानदानों की वजह से मशहूर थे। 1947 के बाद इस महान संस्कृति की ख़ामोश, बेआवाज़ तबाही बग़दाद और अंदलुस[1] और दिल्ली और लखनऊ की तबाहियों के सिलसिले की आख़िरी कड़ी थी कि इसके बाद बरबाद होने के लिए अब कुछ बाक़ी नहीं रहा। वहाँ जो खंडहर अब नज़र आते हैं, ये ख़ूबसूरत, चहल-पहल से भरे मकान थे। सभ्य घराने इनमें बसते थे। ये स्थान मुस्लिम कुलीन वर्ग के गढ़ थे। आज से साठ-पैंसठ साल पहले चन्द नौजवान इन्हीं क़स्बों से नारे लगाते निकले। सज्जाद ज़हीर, सिब्ते-हसन, मजाज़, अली जवाद ज़ैदी, सरदार जाफ़री, कैफ़ी आज़मी, जाँनिसार अख़्तर वग़ैरह। इनसे ज़रा सीनियर, क़स्बा मलीहाबाद के जोश शायरे-इनक़लाब कहलाए। जिस पार्टी से इन नौजवानों ने नाता जोड़ा, उसने उनमें जो विचारधारा पैदा की उसमें एक तरह की नासमझी भी थी; मज़हब पर उनके हमले भले ही सच्चा मार्क्सवाद रहे हों, लेकिन ग़लत राजनीति थे। उन्होंने मज़हबपरस्त अवाम को अपने ख़िलाफ़ भड़का दिया और आज़ादी के फ़ौरन बाद जनसंघ और जमाते-इस्लामी के लिए फूलों से सजा रास्ता तैयार किया। शाबाश! एक वक़्त था कि यही अवाम पार्टी के नेतृत्व के इंतज़ार में थे। आए उश्शाक़, गए वादा-ए-फ़र्दा लेकर; अब उन्हें ढूँढ...[2] ये जंगजू कामरेड शायर थे। मजाज़ ने *आहंग*[3] का समर्पण इस तरह किया था :

---

1. मध्य एशिया का एक विख्यात सांस्कृतिक क्षेत्र; 2. इक़बाल की नज़्म 'शिकवा' का एक शे'र—

आए उश्शाक़ गए वादा-ए-फ़र्दा लेकर
अब उन्हें ढूँढ चिराग़े-रुख़े-ज़ेबा लेकर

(प्रेमी आए और कल का वादा लेकर जा चुके; अब उन्हें सुन्दर चेहरे का चिराग़ लेकर ढूँढ।); 3. मजाज़ का संग्रह।

फ़ैज़ और जज़्बी के नाम जो मेरे दिलो-जिगर हैं

सरदार और मख़दूम के नाम जो मेरे दस्तो-बाज़ू हैं

आज का व्यक्तिवाद-प्रेमी तनहाईपसन्द शायर ऐसा समर्पण नहीं करेगा।

ये ज़्यादातर minor key के शायर थे। उन्होंने चन्द जगमगातीं नज़्में उर्दू को दीं, यानी—

लाले-बदख़्शाँ[1] के ढेर छोड़ गया आफ़ताब[2]

उर्दू के नौजवान विद्यार्थी के लिए वह दौर एक legend बन चुका है लेकिन मुझे याद है, मसलन, एक घुप अँधेरी रात, एक साहब लम्बे बालोंवाली टोपी ओढ़े (जैसी आजकल वी.पी. सिंह ओढ़ते हैं), उँगलियों में जलता सिगरेट, हरियाली पर चले आ रहे हैं, वालिद को अपनी किताब *आहंग* पेश करते हैं या गर्मियों की एक शाम, सफ़ेद-बुर्राक़ कपड़े पहने जोश साहब घोड़ागाड़ी से उतरकर अन्दर आते हैं या एक चाँदनी रात, वालिदा मजाज़ को अपनी ओकलैंड में बिठालकर एक दावत में दिलकुशा ले जाती हैं जहाँ वह 'अँधेरी रात का मुसाफ़िर' पढ़ते हैं। एक मोर टहलता हुआ लॉन पर आ जाता है। चाँद, मोर और शायर। एक haiku!

या सफ़िया आपा—

दार-उल-सिराज, 10 राय बिहारीलाल रोड से चहलक़दमी करतीं 21 फ़ैज़ाबाद रोड वालिदा से मिलने आती हैं। दुबली-पतली, सफ़ेद साड़ी पहने। हँसतीं-मुस्कुरातीं।

उनकी शादी के बाद सुना गया कि मजाज़ ने बहनोई को एक अदद व्हिस्की की बोतल तोहफ़े में दी। 'मिरी तामीर में मुज़्मिर है इक सूरत ख़राबी की[3] (मेरे बनने में ही बिगड़ने की एक सूरत छिपी हुई है)। उर्दू शायरों के बेपनाह पीने-पिलाने का आज तक मनोवैज्ञानिक और समाजशास्त्रीय विश्लेषण नहीं किया गया।

---

1. पद्मराज; 2. सूरज; 3. इक़बाल का एक मिसरा, नज़्म 'तस्वीर-ए-दर्द' से।

मुल्क आज़ाद हुआ।

भारत सरकार ने 'हिन्दी-रूसी भाई-भाई' का नारा बुलन्द किया और अपने कम्युनिस्टों को जेलों में डाला। तरक़्क़ीपसन्द (प्रगतिशील) शायरों ने पंडित नेहरू के लिए कहा—'मार ले साथी, जाने न पाए। जहाँ गया है च्यांग काई, वहीं जाएगा नेहरू भाई।'

उर्दू पर पैग़ंबरी (परीक्षा लेनेवाला, कठोर) वक़्त पड़ा। यू.पी. के ज़मींदारी abolition में एक बारीकी यह थी कि उर्दू कल्चर भी उसके साथ उड़ गई। लेकिन पंजाब से जो हिन्दू-सिख शरणार्थी फ़िल्मकार आए उन्होंने तो उर्दू ही पढ़ी थी। इसके अलावा पहली बोलती फ़िल्म *आलम-आरा* से लेकर 1947 तक फ़िल्मों की ज़बान उर्दू ही थी। संवादों की चुस्ती और प्रवाह और तहज़ीबी नफ़ासत और फ़िल्मी नग़्मों की दिलकशी जो न्यू थिएटर्स के आरज़ू लखनवी की देन थी, उसकी बदौलत आज़ादी के बाद भी हालाँकि उर्दू सरकारी तौर पर ख़त्म कर दी गई, फ़िल्मों में इस सख़्तजान ख़ानाबदोश ज़बान का बोलबाला रहा लेकिन वह हिन्दी कहलाई (यानी एक पूरी ज़बान को हाइजैक करके उसका नाम बदल दिया गया) और इस तरह फ़िल्म इंडस्ट्री उर्दू क़लमकारों के लिए रोज़ी का ज़रिया बनी। साहिर बतौर गीतकार बहुत कामयाब रहे। कृश्न चन्दर, बेदी, ख़्वाजा अहमद अब्बास, इस्मत चुग़ताई, शाहिद लतीफ़, अख़्तर-उल-ईमान—सभी बम्बई की फ़िल्मी दुनिया में आबाद हो गए। जाँनिसार अख़्तर के नाम भोपाल में वारंट निकला। अंडरग्राउंड थे। बम्बई आए। बम्बई में वह भी फ़िल्म इंडस्ट्री की जगन्नाथ-यात्रा में शामिल हो गए।

सफ़िया आपा ने भोपाल के हमीदिया कॉलेज में मुलाज़मत की और निहायत बहादुरी से अपने दोनों बच्चों को पाला। भारी मानसिक, भावनात्मक और आर्थिक कष्ट बड़े हौसले से झेले और अपने ख़तों के रूप में अपने दुख-दर्द और अपनी आला-हिम्मती का दस्तावेज़ छोड़ गईं।

ज़ेरे-लब सफ़िया अख़्तर के ख़तों के संग्रह का नाम है। इस किताब की साहित्यिक क्षेत्रों में बहुत धूम मची। यह तारीफ़, यह तौसीफ़ (गुणगान) भी वक़्त की अजब सितमज़रीफ़ी[1] थी। ये ख़त कहीं-कहीं ऐसे कँपानेवाले हैं गोया मौत की काल-कोठरी से लिखे गए हों, लेकिन इनको पढ़कर जावेद अख़्तर की आरंभिक मानसिकता और पालन-पोषण का अंदाज़ा होता है। ये 1950 से शुरू होते हैं जब जावेद की उम्र पाँच साल की थी।

सफ़िया अपने शौहर को साथी कहकर सम्बोधित करती हैं। वह दोनों गोया सिपाही हैं जो एक सुन्दर भविष्य के लिए लड़ रहे हैं जो लाल सवेरे का भविष्य है।

ये बहुत ही दुखदायी रचनाएँ हैं।

नई इनक़लाबी औरत होने के बावजूद सफ़िया अख़्तर एक बेइंतिहा पतिव्रता, परम्परागत हिन्दुस्तानी बीवी, आदर्श महिला, चरणों की दासी, खुदा-ए-मजाज़ी (पार्थिव ईश्वर) की कनीज़ मालूम होती हैं जो शौहर की एक नज़रे-करम और ख़ुशी हासिल करने की इच्छुक और मुहताज है। वह अल्लामा राशिदुल-ख़ैरी की किसी पीड़ित हीरोइन की तरह बार-बार अपने बच्चों का वास्ता देती हैं। जादू[2] बहुत याद कर रहा है। सलमान तुम्हें बुला रहा है। कब आओगे साथी?

लेकिन कामरेड पतिदेव न आप आवें न भेजें पतियाँ।

आज़ादी के फ़ौरन बाद फ़िल्म उद्योग जिन उर्दू साहित्यकारों को रास आया उनमें इस्मत आपा भी शामिल थीं। चुनांचे सफ़िया अख़्तर अपने एक ख़त में पूछती हैं : 'इस्मत अपने नए फ़्लैट में मुंतक़िल (स्थानांतरित) हो गई होंगी। उनकी रियासत का क्या हाल है। जादू की इनक़लाबपसन्दी अपने उरूज़ (चरम) पर है। नूरुल्लाह साहब[3] से उन्होंने बाक़ायदा एशिया, रूस और स्तालिन

1. ऐसा उपहास कि व्यक्ति को चोट पहुँचे; 2. जावेद; 3. बम्बई सरकार के सहायक शिक्षा निदेशक।

की ख़ूब-ख़ूब बातें कर डालीं। नूरुल्लाह मुझसे कहने लगे कि ऐसे इनक़लाबी बच्चों के साथ तो आपको बम्बई गवर्नमेंट में मुलाज़मत मिलने का कोई इमकान (सम्भावना) नहीं है।'

इस ख़त पर 18 नवंबर, 1950 की तारीख़ पड़ी है, यानी उस वक़्त जावेद की उम्र तक़रीबन छः साल रही होगी। ऐसे बच्चों को enfant terrible कहा जाता है। घर के इनक़लाबी और सियासी माहौल से प्रभावित होना भी अपरिहार्य था। हिन्दुस्तान-पाकिस्तान में कम्युनिस्टों के लिए बड़ी ही आज़माइश का दौर था। गिरफ़्तारियाँ जारी थीं। छापे पड़ते थे। उर्दू साहित्य रोज़-ब-रोज़ ज़्यादा कट्टरपंथी होता जा रहा था। एक महिला उर्दू कहानीकार एक जलसे में कहने लगीं—आज हमारे क़लम सुर्ख़ (लाल) होने चाहिए, हमारे अफ़साने सुर्ख़ होने चाहिए, हमारे नॉवल सुर्ख़ होने चाहिए, हमारी नज़्में सुर्ख़ होनी चाहिए, हमारी ग़ज़लें सुर्ख़ होनी चाहिए। मजाज़ श्रोताओं में मौजूद थे। खड़े होकर फ़रमाया—मुहतरमा, कम से कम गुलाबी की इजाज़त दे दीजिए। सरदार, मजरूह, कैफ़ी शायद जेल जा चुके थे या जानेवाले थे। यहाँ तक कि भोपाल में अख़्तर जमाल को उनके छह माह के बच्चे के साथ क़ैद कर लिया गया था।

जावेद जब बाप के एक शे'र पर टिप्पणी करता है तो माँ फ़ख़्र से जाँनिसार अख़्तर को लिखती हैं : 'वह तुम जैसे रोमानी इनक़लाबपसन्दों से आगे होगा। वह फ़रार (पलायन) का क़ाइल नहीं हो सकता। वह डटकर लड़ेगा और तुमसे आगे बढ़ जाएगा।' (15 अप्रैल, 1951 का ख़त)

स्कूल में बच्चों ने क़ौमी झंडे तैयार किए तो जावेद ने दराँती और हथौड़े वाला सुर्ख़ परचम बनाया। फिर वह शौहर को आगे इत्तला देती हैं : 'जादू पास ही लेटा हुआ मुझसे अफ़साने गढ़ रहा है। बाज़-वक़्त (कभी-कभी) ऐसी अदबी गुफ़्तगू करता है कि हैरान हो जाती हूँ। अभी एक-दो दिन की बात है, बाई

पढ़ने आई थी। उसे मैं जोश के 'पाँच जुरए' (जोश मलीहाबादी की एक कविता) पढ़ा रही थी। आख़िरी हिस्से में ज़मीं मस्त, फ़लक मस्त की तकरार है। जादू सुनकर बोला—"अम्मी, यह तो अब्बी के 'जागा क़लम जागी किताब' से मिलता हुआ है।" यह उम्र और ये नाक़िदाना (आलोचनापूर्ण) निगाहें! देखो, यह जौहर यूँ ही ज़ाया होता है या अपनी पूरी आबो-ताब से चमकता है।'

अफ़सोस कि वह अपने लड़के की ग़ैर-मामूली कामयाबी देखने के लिए ज़िन्दा न रह पाईं।

ऐसे होनहार बिरवा को जो छह साल की उम्र में स्तालिन ज़िन्दाबाद कर रहा था, बड़े होकर नंबूदिरीपाद बनना चाहिए था, मगर माँ के बेवक़्त इंतक़ाल के बाद जावेद ने आठ बरस की उम्र से यतीमी और बेघरी की तकलीफ़ें उठाईं। यह चार्ल्स डिकेंस के किसी नन्हे, मुसीबत के मारे पात्र की कहानी मालूम होती है। ऐसे हालात में वह माँ की आशाएँ पूरी करने के लिए एक शोल-ए-जव्वाला पार्टी वर्कर बन सकता था मगर तर्ज़े-तपाके-अह्ले-दुनिया[1] (दुनिया वालों के मिलने का अंदाज़) देखकर उसका दिल इतना जला कि उसने लड़कपन में ही तय कर लिया कि वह ख़ुद दौलतमंद बनेगा। बचपन लखनऊ (ननिहाल) और अलीगढ़ (ख़ाला हमीदा सालिम के घर) में गुज़रा। भोपाल में ख़ासी साधनहीनता की हालत में कॉलेज गए। क्लास में कभी जी नहीं लगा। अलबत्ता बहसों और बैतबाज़ी (अंताक्षरी) में बहुत तेज़ थे। तक़रीरों के इनआमी मुक़ाबले जीते। जब बम्बई पहुँचे तो छह दिन बाद बरसती बारिश में वालिद के मकान से निकलना पड़ा। (वालिद दूसरी शादी कर चुके थे।) फ़ुटपाथ पर रहे। फ़ाक़े किए। गुज़र-औक़ात के लिए कार्ड-शार्पिंग को भी अपना पेशा

1. ग़ालिब ने अपने दिल के लिए एक शे'र में कहा है, 'देखकर तर्ज़े-तपाके-अह्ले-दुनिया जल गया'।

बनाया। ये उनकी कम-उम्री के कुछ और ड्रामाई वाक़ियात हैं। महज़ अपनी प्रतिभा और हास्यवृत्ति के बलबूते पर दुनिया से लड़े। हास्य और लतीफ़ेबाज़ी और महफ़िल जमाने की कला मामू मजाज़ से मिली थी। *ज़ेरे-लब* के ख़तों से ज़ाहिर होता है कि इंतिहाई कठिन ज़माने में सफ़िया अख़्तर के सेंस ऑफ़ ह्यूमर ने भी उनका साथ नहीं छोड़ा था।

जावेद अख़्तर आत्मनिर्मित सफल व्यक्ति की एक क्लासिक मिसाल हैं। उनके छोटे भाई भी कम ज़हीन नहीं हैं। वह भी अच्छे शायर हैं। उनका काव्य-संग्रह *कू-ब-कू* शीर्षक से प्रकाशित हो चुका है। बचपन में दोनों भाई अपने दोस्तों के साथ "लड़ाई लड़ाई" खेलते, एक दोस्त "अमरीकी शैतान" बनता था। छोटे भाई सलमान बतौर मनोविश्लेषक उसी शैतानी मुल्क अमरीका के एक ख़ुशहाल नागरिक हैं—

सबात[1] एक तग़य्यर[2] को है ज़माने में।

शायद 1934 की सर्दियाँ थीं। मुस्लिम यूनिवर्सिटी के स्ट्रैची हॉल में रौशनदान के रास्ते ख़ालिदा अदीब ख़ानम (Turkey की एक इनक़लाबी महिला) पर पुष्पवृष्टि की जा रही थी (जो अलीगढ़ की एक मनमोहक परम्परा है)। उसके बाद यलदरम[3] ने परिचय करानेवाला एक भाषण दिया और एक नौजवान शायर असरारुल-हक़ मजाज़ ने एक नज़्म 'नज़्रे-ख़ालिदा' पढ़ी। वालिद मरहूम ने जलसे के बाद दोस्तों से कहा—यह लड़का आगे चलकर बड़ी शोहरत हासिल करेगा। 1967 में बम्बई के एक सिनेमाहाल में जाँनिसार अख़्तर की अपनी फ़िल्म *बहू-बेगम* के प्रीमियर पर वाजिदा तबस्सुम ने एक तरफ़ इशारा करके कहा, 'यह अख़्तर भाई का बेटा जादू है,' तो कोई वजह न थी कि मैं भविष्यवाणी करूँ कि यह लड़का आगे चलकर बहुत शोहरत

---

1. स्थायित्व; 2. परिवर्तन; 3. लेखिका के पिता जो स्वयं एक जाने-माने लेखक थे।

हासिल कर लेगा। मुझे तो वह हिप्पी-सा मालूम हुआ। उसने कलाई में हिप्पियोंवाला कड़ा पहन रखा था और सरफिरा-सा नज़र आता था। बाद में मालूम हुआ कि वह कड़ा कड़े वक़्त में काम आनेवाले एक सिख दोस्त की निशानी था।

चन्द साल बाद बतौर स्क्रिप्ट-राइटर जावेद ने बेहद लोकप्रियता प्राप्त की और जब संजीदा शायरी मुझे सुनाई तो मुझे ताज़्ज़ुब नहीं हुआ क्योंकि मछली के बच्चे को तैरना कौन सिखाता है!

जावेद एक अच्छे बोलनेवाले, एक अच्छे सोचनेवाले, काव्य-समर्थ उत्तर-आधुनिक कवि हैं।

ताज़गी, गहराई और विविधता, भावनाओं की ईमानदारी और ज़िन्दगी में नए भावों की तलाश उनकी शायरी की विशेषताएँ हैं।

नाज़ुक-ख़याली और फ़सीहुल-बयानी[1] उनको विरासत में मिली है। वह कभी-कभी पारम्परिक शे'र कह लें मगर बुरी शायरी नहीं कर सकते।

तरकश ग़मे-जानाँ और ग़मे-दौराँ[2] के तीरों से भरा है। बचपन की मीठी या कड़वी यादें हर अदीब या शायर के लिए स्थायी साबित हुई हैं। जावेद अख़्तर की चन्द ऐसी नज़्में जो उनकी ज़ख़्मी भावनाओं और अनुभूतियों का दर्पण हैं, पारदर्शी आत्मकथा के तौर पर पढ़ी जा सकती हैं।

जब वो कम उम्र ही था
उसने यह जान लिया था कि अगर जीना है
बड़ी चालाकी से जीना होगा
आँख की आख़िरी हद तक है बिसाते-हस्ती[3]
और वह मामूली-सा इक मुहरा है
एक इक ख़ाना बहुत सोच के चलना होगा

—एक मोहरे का सफ़र

1. मँझी भाषा का प्रयोग; 2. प्रियतम का दुख और संसार का दुख; 3. जीवन रूपी बिसात।

बम्बई पहुँचकर और बाप के घर से निकलने के बाद तीसरे दिन के फ़ाक़े की दिल-चीर याद सहले-मुमतना[1] में ऐसे ढलती है :

मेरे घर में चूल्हा था
रोज़ खाना पकता था...
माँ अजीब थी मेरी
रोज़ अपने हाथों से
मुझको वो खिलाती थी
कौन सर्द हाथों से
छू रहा है चेहरे को
इक निवाला हाथी का
इक निवाला घोड़े का
इक निवाला भालू का...

—भूख

यह महज़ बात गढ़ना नहीं। लगातार फ़ाक़ों के बाद स्पर्श और श्रवण के सादृश्य का अनुभव बिलकुल मुमकिन है।

सफ़िया अख़्तर के ख़तों के संदर्भ में देखिए तो इस नज़्म का दर्दनाक असर दुगुना हो जाता है। माएँ लाडले नन्हे बच्चों को इसी तरह बहला-फुसलाकर खिलाती हैं :

इक निवाला हाथी का
इक निवाला घोड़े का
इक निवाला भालू का

मोहरा अपनी मंज़िले-मक़सूद पर पहुँचता है—

आसूदगी[2] से दिल के सभी दाग़ धुल गए
लेकिन वो कैसे जाए जो शीशे में बाल है।

1. सरल लगनेवाली मगर कहने में कठिन कविता; 2. सन्तुष्टि (समृद्धि)।

शायद यह माँ का ग़म है।

जावेद ने अपनी फ़िल्मों में एक पीड़ित माँ का पात्र बिला वजह नहीं गढ़ा जिसकी तरफ़ से ज़ालिम समाज को ललकारने वाला एक लम्बा-चौड़ा, बाग़ी और क्रोधित नौजवान (अमिताभ बच्चन) स्क्रीन पर नमूदार हुआ। इस बुनियादी plot के अवयवों में populist नुस्ख़े की कीमिया छिपी थी। अवाम ने अपनी तमाम महरूमियों और दुखों का बदला लेनेवाले इस कलयुगी अवतार को दिलो-जान से अपनाया और हुन[1] बरसाया—

ग़म बिकते हैं
बाज़ारों में ग़म काफ़ी महँगे बिकते हैं
लहजे की दुक्कान अगर चल जाए तो
जज़्बे के गाहक
छोटे बड़े हर ग़म के खिलौने
मुँह माँगी क़ीमत पे ख़रीदें

—ग़म बिकते हैं

अपनी महबूबा में अपनी माँ देखें
बिन माँ के लड़कों की फ़ितरत होती है

कहा जाता है, तनहाई फ़नकार का मुक़द्दर है। मेरा ख़याल है एक परफ़ार्मिंग आर्टिस्ट (अभिनेता, नर्तक, संगीतकार) इतना तनहा नहीं होता क्योंकि उसकी कला के प्रदर्शन में दूसरों की भागीदारी भी शामिल रहती है।

अदीब, शायर, मुसव्विर (चित्रकार) बेहद अकेले समझे जाते हैं। इस तनहाई की एक mystique बन गई है और उसकी बहुत-सी परछाइयाँ हैं। दो साल पहले इतवार की एक रौशन, ख़ुशगवार सुबह ट्रेन उपनगरों के फूलों से भरे रास्ते से गुज़रती

1. सोना।

लंदन जा रही थी जब हमेशा की तरह एक आवारागर्द गवैया कम्पार्टमेंट में आया और गिटार पर गाने लगा—

Bye bye happiness, Hello, loneliness.

हमेशा की तरह किसी ने उसका नोटिस नहीं लिया।

लेकिन मुझे वो सारे सन्तुष्ट, ख़ुशपोश, ख़ामोश मुसाफ़िर चन्द लम्हों के लिए इस गीत में शरीक से मालूम हुए, जैसे तनहाई, तनहाई से बात करती हो।

गीत ख़त्म करके वह अगले स्टेशन पर उतर गया। किसी ने उसके हैट में सिक्के भी नहीं डाले।

तनहाई जावेद का भी एक पसन्दीदा विषय है—

उसके इक हाथ में है जीत उसकी
दूसरे हाथ में तनहाई है।

—एक मोहरे का सफ़र

मक़सद को पाने के बाद अकेलेपन का एहसास एक विश्वव्यापी अनुभव है। ख़ास तौर पर पश्चिम में यह तनहाई कभी-कभी जानलेवा साबित होती है।

बदकार दुनिया से मन-मुताबिक़ दाम वसूल करने के बाद लेखक को चैन मिलना चाहिए था। मगर ऐसा होता नहीं। विजयी व्यक्तिवाद फिर भी असन्तुष्ट रहता है। एक सुखमय जीवन गुज़ारते हुए शायर अपने लड़कपन की महरूमियों और तकलीफ़ों को भी मुहब्बत से याद करता है।

इस मुआमले में जावेद अख़्तर ज़ोहरा निगाह, अख़्तर-उल-ईमान और इफ़्तिख़ार आरिफ़ के हमनवा[1] हैं—

ज़हनो-दिल आज भूखे मरते हैं
उन दिनों हमने फ़ाक़े झेले थे

1 सहभाषी।

वह कमरा याद आता है जो बुरे वक़्त में उनकी शरणस्थली था। खुरदुरे स्नेही बाप की तरह मुश्किल से खुलनेवाला दरवाज़ा, गुस्ताख़ मुँहफट आईना, बेढब बूढ़ी अन्ना-जैसी अलमारी, जहानत से भरी मुस्कुराहट जैसा दरीचा, उस पर झुकी, जैसे कानों में कुछ कहती हुई एक सब्ज़ बेल, संजीदा उस्तानियों जैसी किताबें। वह कमरा प्यार से माँ की तरह डाँटता था—

यह क्या आदत है
जलती दोपहर में मारे-मारे घूमते हो तुम
... ...
मैं अब जिस घर में रहता हूँ
बहुत ही ख़ूबसूरत है
मगर अकसर यहाँ ख़ामोश बैठा याद करता हूँ
वो कमरा बात करता था।

—वो कमरा याद आता है

एक ये घर जिस घर में मेरा साजो-सामाँ रहता है
एक वो घर जिस घर में मेरी बूढ़ी नानी रहती थीं।

यह शे'र पढ़कर मुझे लखनऊ के दार-उल-सिराज (जावेद के ननिहाल का घर) का सादा घरेलू माहौल याद आ गया। यूँ देखिए तो यह जावेद अख़्तर की आप-बीती है, मगर बूढ़ी नानी एक प्रतीक भी हैं—पुराने मूल्यों की संरक्षिका, बेग़रज़, बेलौस, मुहब्बत की पुतली, धीर और ईश्वर की कृतज्ञ, भोली।

घर से चला तो दिल के सिवा पास कुछ न था
क्या मुझ से खो गया है, मुझे क्या मलाल है।

इस शे'र में मुझे मलंग दरवेशों-सा अंदाज़ और ख़ैराबाद के सूफ़ी-संतों के संगीत की गूँज सुनाई दी, हालाँकि ख़ुद शायर को इस गूँज से कोई दिलचस्पी नहीं। वह एक यथार्थवादी, व्यावहारिक शहरी

आदमी हैं। उनका कोई ज़हनी या जज़्बाती रिश्ता अपने माता-पिता के ज़मींदाराना और सूफ़ी समाज से नहीं है। उनके माँ-बाप ख़ुद इस समाज को रद्द कर चुके थे। लेकिन मेरा निजी ख़याल है कि जावेद ने अचेत रूप में उर्दू कल्चर के ज़रिए इस सूफ़ी तहज़ीब की ख़ास विशेषताओं यानी धर्मनिरपेक्ष और मानवप्रेमी मूल्यों को भी क़ुबूल किया है। उनका वेल्यू सिस्टम सही है और वह बुनियादी तौर पर प्रगतिशील हैं। वह औरत की भी बहुत इज़्ज़त करते हैं और उसकी हमसरी और बराबरी के क़ाइल हैं।

अपनी बेटी ज़ोया को मुख़ातिब करके कहते हैं—

ये उन लोगों का रस्ता है
जो ख़ुद अपने तक जाते हैं
अपने आपको जो पाते हैं
तुम इस रस्ते पर ही चलना
मुझे पता है
यह रस्ता आसान नहीं है
लेकिन मुझको यह ग़म भी है
तुमको अब तक
क्यों अपनी पहचान नहीं है

—दोराहा

कभी-कभी आज और कल के साहित्य में आश्चर्यजनक समानता मिलती है—

जो सज़ा चाहे अदालत दे दे
फ़ैसला सुनने को तैयार हूँ मैं
हाँ गुनहगार हूँ मैं

—जुर्म और सज़ा

इन अश'आर में मजाज़ का लहजा झलकता है।

जावेद के शाहकार[1] 'मैं और मिरी आवारगी' का जोश-ए-बयान, ध्वनि और लै की तेज़ी मुज़्तर ख़ैराबादी के उस शे'र की याद दिलाती है जो अनगिनत पन्नों पर फैला हुआ है। तो यह उर्दू की जादू-बयानी है जो पलट-पलट के दिखाती है एक ही तसवीर—

जावेद अपने दौर के शे'री मिज़ाज के नुमाइंदे हैं। और हर अच्छा शायर दूसरे अच्छे शायर की याद दिला सकता है।

ऊँची इमारतों से मकाँ मेरा घिर गया
कुछ लोग मेरे हिस्से का सूरज भी खा गए

यहाँ जावेद, मुहम्मद अलवी और निदा फ़ाज़ली के हमज़बान हैं—

सब हवाएँ ले गया मेरे समंदर की कोई
और मुझको एक कश्ती बादबानी[2] दे गया

यहाँ अज़ीज़ बानो 'वफ़ा' किनारे पर खड़ी मिलती हैं।

'वक़्त' में 'जोगीनामा' की परम्परा की धीमी-सी प्रतिध्वनि है। हाल ही में मैंने यह नज़्म सुनकर जावेद से कहा कि यह तो कुछ बर्गसां के एकमात्र पल का सा चक्कर मालूम होती है। कहने लगे—आप भूल गईं; पन्द्रह-सोलह साल पहले आप ही ने तो मुझ से बर्गसां के समय के दर्शन का ज़िक्र किया था, इसके बाद मैंने इस सिलसिले में बहुत सोचा।

सोच और जिज्ञासा-भाव इनसान को ख़ूब (सुन्दर) से ख़ूबतर की तरफ़ ले जा सकते हैं :

क्यों हैं, कब तक हैं, किस की ख़ातिर हैं
बड़े संजीदा मसअले[3] हैं हम

मोहरा अपने दुखों से आगे बढ़कर दुनिया के दुखों की ओर सफ़र करता है। जावेद अख़्तर मदर टेरेसा से कहते हैं—

1. श्रेष्ठ कलाकृति या रचना; 2. पालोंवाली नाव; 3. समस्या।

मुझको तेरी अज़मत[1] से इनकार नहीं है (लेकिन)
तूने कभी ये क्यों नहीं पूछा
किसने इन बदहालों को बदहाल किया है

पिछली नस्ल का self-righteous प्रगतिशील कवि ख़ुद ही यह जवाब न देता—

मैं ठहरा ख़ुदग़रज़
बस इक अपनी ही ख़ातिर जीनेवाला
मैं तुझसे किस मुँह से पूछूँ...
पूछूँगा तो
मुझ पर भी वह ज़िम्मेदारी आ जाएगी
जिस से मैं बचता आया हूँ
बेहतर है ख़ामोश रहूँ मैं...

—मदर टेरेसा

लोहे का पर्दा रूस और पश्चिम के दरमियान से उठकर हम दक्षिण एशियावासियों की अक़्लों पर पड़ गया, लिहाज़ा हम एक-दूसरे से और भी ज़्यादा बदगुमान और बददिल होते जा रहे हैं। चुनांचे जब जावेद अख़्तर कहें—

आओ अब हम इसके भी टुकड़े कर लें
ढाका, रावलपिंडी और दिल्ली का चाँद

तो रावलपिंडी का बुद्धिजीवी पूछेगा—क्यों साहब, आप चाँद को अखंड रखने पर ही क्यों अड़े हैं?

उनके कने उर्दू साहित्य का इतिहास यूँ लिखा जाता 'वली दकनी पाको-हिंद[2] में सत्रहवीं सदी में पैदा हुए।' हमारे कने मुग़लकालीन इतिहास राजनीतिक अखाड़ा बन चुका है।

'परबत पे फूल खिल रहे हैं, बैठा है ग़ार में दरिंदा'

---

1. महानता; 2. पाकिस्तान और भारत।

यह एक कामयाब तसवीरी शे'र है।

फ़सादों पर अनगिनत नज़्में लिखी जा चुकी हैं। एक ritual है जो हर हत्याकांड के बाद दोहराया जाता है। ये नज़्में शायर की बेबसी पर मातम कर रही हैं। (वह अगर पार्लियामेंट में भी पहुँच जाए तो भी कुछ नहीं कर सकता।) कुछ अरसे बाद सियासी पार्टियाँ दूसरा फ़साद बरपा करवा देती हैं, और फिर और भी दिल चीरनेवाली नज़्में...सरदार जाफ़री, कैफ़ी आज़मी, राही मासूम रज़ा, जावेद अख़्तर सब ने फ़सादों पर बहुत प्रभावशाली नज़्में लिखी हैं। साहित्य-परम्परा की निरन्तरता इसे कहते हैं।

यह दृष्टिकोण कि हंगामी हालात का साहित्य ज़िन्दा नहीं रहता, सही नहीं। हमारे शहरे-आशोब[1] आज की दास्तान मालूम होते हैं। चन्द मिसालें और लीजिए—डब्ल्यू. बी. यीट्स का अलेस्टर 1916, मंटो के अफ़साने, वारिस शाह के मुतल्लिक़ अमृता प्रीतम की पंजाबी नज़्म, फ़ैज़ का कलाम।

अब जो भी लिखा जाएगा, ज़्यादातर संकट का साहित्य होगा। सूरते-हाल[2] महज़ हंगामी नहीं रही। इतिहास उलट गया है। हिन्दू वर्ल्ड-व्यू और इस्लामिक वर्ल्ड-व्यू पर धुआँधार तक़रीरें और सेमिनार हो रहे हैं और वोट डाले जा रहे हैं।

तेज़ तर्क गामज़न—तेज़ तर्क गामज़न[3]—

जब मनुष्य की psyche पूरी तरह बदल जाएगी और ऐसा genetic engineering से नहीं बल्कि बुद्धि के नियंत्रण से होगा, उस वक़्त बहुत जल्द, आनेवाली सदी की शुरुआत में ही, व्यक्तियों और समुदायों और राष्ट्रों का सौन्दर्य-बोध, चिंतन-पद्धति और संचार के साधन दूसरा ही रूप धर लेंगे। उन्नीसवीं सदी के आख़िर में रोमान, सौन्दर्यप्रेम और गीतात्मकता का

1. उर्दू कविता की एक विधा जिसमें शहरों की तबाही का वर्णन मिलता है; 2. मौजूदा स्थिति; 3. इक़बाल की एक फ़ारसी नज़्म का टुकड़ा जिसमें आगे बढ़ने का आह्वान किया गया है।

पश्चिमी साहित्य में विकास हुआ था। पहले विश्वयुद्ध के बाद के आध्यात्मिक वीराने में एलियट ने *वेस्टलैंड* लिखी। प्रगतिशील आन्दोलन ने आशावाद का चलन आम किया। हिरोशिमा के बाद से इनसान के दिल में सामूहिक आत्महत्या और मृत्यु-कामना कुछ ख़ुद जागी है, कुछ दुनिया के power brokers ने जगाई है। नौजवानों के अन्दर जो तनहाई और हिंसा-भावना भरी हुई है वह Hard Rock और Hard Metal के ज़रिए बाहर आ रही है और हमारी फ़िल्मों में भी धूम-धड़क्के से प्रकट हो चुकी है। लेकिन अब पतन-प्रेमी पश्चिम के मुक़ाबले में सोशलिस्ट ब्लॉक के सुलह-प्रेमी, नेकचलन नौजवानों की मिसाल पेश नहीं की जा सकती क्योंकि वो नौजवान भी सोशलिज़्म के ख़ात्मे के बाद आनन-फानन अपराधरत बन गए—

...बैठा है ग़ार में दरिंदा

एक अविस्मरणीय, चन्द सेकंड का दृश्य मैंने टेलीविज़न पर देखा था। इसरायली बमबारी के बाद एक फ़िलिस्तीनी औरत अपने गुमशुदा बेटे का फ़ोटोग्राफ़ मजमे में हर एक को दिखाती फिर रही थी और कोई उसकी नहीं सुन रहा था, और एक मुन्ना सा बच्चा उसी भीड़ में अपने माँ-बाप को ढूँढ रहा था।

—तो बूढ़ी नानी जिस दालान में, आँगन में या नीम के पेड़ के नीचे बैठी हैं, तसबीह फेर रही हैं या रामायण का पाठ कर रही हैं, पल-की-पल में वो घर हिन्दू-मुस्लिम या जाति-युद्ध में फूँक दिया जाएगा। इस सिलसिले में हम आत्मनिर्भर हैं और हमें ग़ैर-मुल्की दुश्मन की बमबारी की ज़रूरत नहीं—

परबत पे फूल खिल रहे हैं, बैठा है ग़ार में दरिंदा।

यहाँ भी फूल खिले हैं और बाहर की दुनिया में भी, और सोशलिस्ट मुल्कों में फूल खिले हमने अपनी आँखों से देखे थे,

और हसीन मनमोहक बोस्निया में जीते-जागते इनसान शिकारी कुत्तों के सामने डाले गए और यूक्रेन से लेकर मध्य एशिया तक कम्युनिज़्म का ढक्कन उठते ही मारकाट का बाज़ार गर्म हो गया।

यह हसन-बिन-सबाह और रास्पूतिन और गोयबेल्ज़ का वक़्त है—

अपनी-अपनी तारीकी[1] को लोग उजाला कहते हैं
तारीकी के नाम लिखूँ तो क़ौमें, फ़िरके, जात लिखूँ
ग़म नहीं लिक्खूँ क्या मैं ग़म को, जश्न लिखूँ क्या मातम को
जो देखे हैं मैंने जनाज़े क्या उनकी बारात लिखूँ

—ग़ज़ल

मैं क़त्ल तो हो गया तुम्हारी गली में लेकिन
मिरे लहू से तुम्हारी दीवार गल रही है
न जलने पाते थे जिसके चूल्हे भी हर सवेरे
सुना है कल रात से वो बस्ती भी जल रही है

—ग़ज़ल

'फ़साद के बाद', 'मैं और मिरी आवारगी', 'एक मोहरे का सफ़र', 'भूख', 'वो कमरा याद आता है', 'शिकस्त' और 'वक़्त' लिखकर जावेद अख़्तर ने उर्दू की महान सिंफ़नी में अपना नाम सुरक्षित कर लिया है।

उर्दू शायरी के नियाग्रा झरने पर अनगिनत फुहारों से जो इंद्रधनुष बनता है उसके रंगों की बहुत-सी छायाएँ हैं और उनमें जावेद की छाया भी शामिल हो चुकी है।

ये जो ज़ुल्फ़ तेरी उलझ गई वो जो थी कभी तेरी धज गई
मैं तुझे सँवारूँगा ज़िन्दगी मिरे हाथ में ये उमूर[2] दे

---

1. अँधेरा; 2. कार्य।

चन्द माह पहले मैं दिल्ली के मशहूर आर्टिस्ट फ़ीरोज़ के स्टूडियो में गई जो ज़ाकिरनगर के दौलतमंद ghetto में एक आश्चर्यजनक, मनमोहक और सुन्दर वातावरण वाले सौन्दर्यगृह के रूप में मिला। उस्ताद फ़ीरोज़ जहाँगीर के चित्रकार उस्ताद मंसूर की औलाद में से हैं, गोया उनका स्टूडियो भी एक मात्र पल में शामिल है। समय के कुछ स्थिर चित्र भी वहाँ देखे। जमना की रेती पर बेले का वह मेला जहाँ मिर्ज़ा ग़ालिब ने पहली बार उस डोमनी को नाचते देखा जिसका नाम आज तक कोई शोधकर्ता दरियाफ़्त नहीं कर पाया। आज से साठ-सत्तर बरस पहले दिल्ली की एक महफ़िल जिसमें उस वक़्त की नामवर डांसर नौशाबा नृत्यमग्न हैं।

उस्ताद फ़ीरोज़ भी गिलहरी की दुम से ख़ुद पेंटिंग ब्रश बनाते हैं जिस तरह उनके पुरखे बनाते थे, और छोटे से छोटे मिनिएचर बनाते हैं।

उनका पता मुझे दिल्ली मरहूम की एक और बची-खुची यादगार यानी स्वर्गवासी लाला महेश्वर दयाल ने अपने अचानक निधन से चन्द रोज़ पहले ही बताया था।

मैंने जनाब फ़ीरोज़ से पूछा—आप इतने इत्मिनान से ये तसवीरें बना रहे हैं जबकि बाहर कल्चर का मतलब ही बदल गया है। उन्होंने निहायत तसल्ली से जवाब दिया—वो अपना काम करें, हम अपना काम किए जाएँगे।

इस आशावादी, सकारात्मक सोच में सभ्यता और मानवता की अमरता छिपी है।

इस वक़्त जबकि सेटेलाइट टेलीविज़न चैनल बुद्धि के नियंत्रण और झूठ बोलने के मक़सद से ख़रीदे जा रहे हैं, इनसानियत को कुचलनेवाले दृष्टिकोणों के ख़िलाफ़ संघर्ष में जावेद, जिनके 'तरकश' में रंग और चंग, हर्फ़ और लै सब मौजूद हैं, अपनी माँ की यह आशा पूरी कर सकते हैं कि वह फ़रार के क़ाइल नहीं होंगे और डटकर लड़ेंगे—

...जब से किसी ने
कर ली है सूरज की चोरी
आओ
चल के सूरज ढूँढें
और न मिले तो
किरन किरन फिर जमा करें हम
और इक सूरज नया बनाएँ

—सुबह की गोरी

तरकश आधुनिक उर्दू शायरी का एक अहम दस्तावेज़ है। जब तक जावेद की दूसरी किताब छपे—

—मैं समझती हूँ इतनी भूमिका काफ़ी है।

—क़ुर्रतुल ऐन हैदर

क्रम

तरकश

मेरा आँगन, मेरा पेड़

मेरा आँगन
कितना कुशादा[1] कितना बड़ा था
जिसमें
मेरे सारे खेल
समा जाते थे
और आँगन के आगे था वह पेड़
कि जो मुझसे काफ़ी ऊँचा था
लेकिन
मुझको इसका यक़ीं था
जब मैं बड़ा हो जाऊँगा
इस पेड़ की फुनगी भी छू लूँगा
बरसों बाद
मैं घर लौटा हूँ
देख रहा हूँ
ये आँगन
कितना छोटा है
पेड़ मगर पहले से भी थोड़ा ऊँचा है।

1 फैला हुआ

गिन गिन के सिक्के हाथ मेरा खुरदुरा हुआ
जाती रही वो लम्स[1] की नर्मी, बुरा हुआ

1. स्पर्श

ग़ज़ल

हमारे शौक़ की ये इन्तहा[1] थी
क़दम रक्खा कि मंज़िल रास्ता थी

बिछड़ के डार से बन-बन फिरा वो
हिरन को अपनी कस्तूरी सज़ा थी

कभी जो ख़्वाब था वो पा लिया है
मगर जो खो गई वो चीज़ क्या थी

मैं बचपन में खिलौने तोड़ता था
मिरे अंजाम की वो इब्तदा[2] थी

मुहब्बत मर गई मुझको भी ग़म है
मिरे अच्छे दिनों की आशना[3] थी

1 हद
2 शुरुआत
3 परिचित

जिसे छू लूँ मैं वो हो जाए सोना
तुझे देखा तो जाना बद्दुआ थी

मरीज़े-ख़्वाब[1] को तो अब शफ़ा[2] है
मगर दुनिया बड़ी कड़वी दवा थी

1 सपने देखने का रोगी
2 रोग से छुटकारा

वो कमरा याद आता है

मैं जब भी
ज़िन्दगी की चिलचिलाती धूप में तपकर
मैं जब भी
दूसरों के और अपने झूठ से थककर
मैं सबसे लड़ के ख़ुद से हार के
जब भी उस इक कमरे में जाता था
वो हलके और गहरे कत्थई रंगों का इक कमरा
वो बेहद मेहरबाँ कमरा
जो अपनी नर्म मुट्ठी में मुझे ऐसे छुपा लेता था
जैसे कोई माँ
बच्चे को आँचल में छुपा ले
प्यार से डाँटे
ये क्या आदत है
जलती दोपहर में मारे-मारे घूमते हो तुम
वो कमरा याद आता है
दबीज़[1] और ख़ासा भारी
कुछ ज़रा मुश्किल से खुलने वाला

1 ठोस

वो शीशम का दरवाज़ा
कि जैसे कोई अक्खड़ बाप
अपने खुरदुरे सीने में
शफ़क़त[1] के समंदर को छुपाए हो 1 स्नेह
वो कुर्सी
और उसके साथ वो जुड़वाँ बहन उसकी
वो दोनों
दोस्त थीं मेरी
वो इक गुस्ताख़ मुँहफट आईना
जो दिल का अच्छा था
वो बेहंगम[2] सी अलमारी 2 बेढंगी
जो कोने में खड़ी
इक बूढ़ी अन्ना[3] की तरह 3 आया
आईने को तन्बीह[4] करती थी 4 टोकना
वो इक गुलदान[5] 5 फूलदान
नन्हा-सा
बहुत शैतान
उन दोनों पे हँसता था
दरीचा[6] 6 खिड़की
या जहानत[7] से भरी इक मुस्कुराहट 7 समझदारी
और दरीचे पर झुकी वो बेल
कोई सब्ज़[8] सरगोशी[9] 8 हरे रंग की; 9 कानों में कही बात
किताबें
ताक़ में और शेल्फ़ पर
संजीदा उस्तानी बनी बैठीं
मगर सब मुंतज़िर[10] इस बात की 10 जो इंतज़ार करे

मैं उनसे कुछ पूछूँ
सिरहाने
नींद का साथी
थकन का चारागर[1]
वो नर्म-दिल तकिया
मैं जिसकी गोद में सिर रखके
छत को देखता था
छत की कड़ियों में
न जाने कितने अफ़सानों[2] की कड़ियाँ थीं
वो छोटी मेज़ पर
और सामने दीवार पर
आवेज़ाँ[3] तस्वीरें
मुझे अपनाइयत से और यक़ीं से देखतीं थीं
मुस्कुराती थीं
उन्हें शक भी नहीं था
एक दिन
मैं उनको ऐसे छोड़ जाऊँगा
मैं इक दिन यूँ भी जाऊँगा
कि फिर वापस न आऊँगा

मैं अब जिस घर में रहता हूँ
बहुत ही ख़ूबसूरत है
मगर अकसर यहाँ ख़ामोश बैठा याद करता हूँ
वो कमरा बात करता था।

1 वैद-डॉक्टर
2 कहानियों
3 लगी हुई

ऊँची इमारतों से मकाँ मेरा घिर गया
कुछ लोग मेरे हिस्से का सूरज भी खा गए

ग़ज़ल

जंगल में घूमता है पहरों, फ़िक्रे-शिकार में दरिंदा
या अपने ज़ख़्म चाटता है, तनहा कछार में दरिंदा

बातों में दोस्ती का अमृत, सीनों में ज़हर नफ़रतों का
परबत पे फूल खिल रहे हैं, बैठा है ग़ार[1] में दरिंदा

ज़हनी यगानगत[2] के आगे, थीं ख़्वाहिशें ख़जिल[3] बदन की
चट्टान पर बैठा चाँद ताके, जैसे कुआँर में दरिंदा

गाँव से शहर आनेवाले, आए, नदी पे जैसे प्यासे
था मुंतज़िर उन्हीं का कब से, इक रोज़गार में दरिंदा

मज़हब, न जंग, न सियासत, जाने न जात-पात को भी
अपनी दरिंदगी के आगे, है किस शुमार[4] में दरिंदा

1 गुफा

2 मानसिक रिश्ते

3 लज्जित

4 गिनती

कौन-सा शे'र सुनाऊँ मैं तुम्हें, सोचता हूँ
नया मुब्हम[1] है बहुत और पुराना मुश्किल

1 उलझा हुआ

भूख

आँख खुल गई मेरी
हो गया मैं फिर ज़िन्दा
पेट के अँधेरों से
ज़हन[1] के धुँधलकों तक
एक साँप के जैसा
रेंगता ख़याल आया
आज तीसरा दिन है—आज तीसरा दिन है।

इक अजीब ख़ामोशी
मुंजमिद[2] है कमरे में
एक फ़र्श और इक छत
और चार दीवारें
मुझसे बेतआल्लुक़[3] सब
सब मिरे तमाशाई
सामने की खिड़की से
तेज़ धूप की किरनें

1 मस्तिष्क

2 जमी हुई

3 जिसका कोई वास्ता न हो

आ रही हैं बिस्तर पर
चुभ रही हैं चेहरे में
इस क़दर नुकीली हैं
जैसे रिश्तेदारों के
तंज़[1] मेरी ग़ुरबत[2] पर
आँख खुल गई मेरी
आज खोखला हूँ मैं
सिर्फ़ खोल बाक़ी है
आज मेरे बिस्तर में
लेटा है मेरा ढाँचा
अपनी मुर्दा आँखों से
देखता है कमरे को
आज तीसरा दिन है
आज तीसरा दिन है।

दोपहर की गर्मी में
बेइरादा क़दमों से
इक सड़क पे चलता हूँ
तंग-सी सड़क पर हैं
दोनों सम्त[3] दूकानें
ख़ाली-ख़ाली आँखों से
हर दूकान का तख़्ता
सिर्फ़ देख सकता हूँ
अब पढ़ा नहीं जाता
लोग आते जाते हैं

1 व्यंग्य, 2 ग़रीबी

3 ओर

पास से गुज़रते हैं
फिर भी कितने धुँधले हैं
सब हैं जैसे बेचेहरा
शोर इन दूकानों का
राह चलती इक गाली
रेडियो की आवाज़ें
दूर की सदाएँ हैं
आ रही हैं मीलों से
जो भी सुन रहा हूँ मैं
जो भी देखता हूँ मैं
ख़्वाब जैसा लगता है
है भी और नहीं भी है
दोपहर की गर्मी में
बेइरादा क़दमों से
इक सड़क पे चलता हूँ
सामने के नुक्कड़ पर
नल दिखाई देता है
सख़्त क्यों है ये पानी
क्यों गले में फँसता है
मेरे पेट में जैसे
घूँसा एक लगता है
आ रहा है चक्कर-सा
जिस्म पर पसीना है
अब सकत नहीं बाक़ी
आज तीसरा दिन है

आज तीसरा दिन है।

हर तरफ़ अँधेरा है
घाट पर अकेला हूँ
सीढ़ियाँ हैं पत्थर की
सीढ़ियों पे लेटा हूँ
अब मैं उठ नहीं सकता
आसमाँ को तकता हूँ
आसमाँ की थाली में
चाँद एक रोटी है
झुक रही हैं अब पलकें
डूबता है ये मंज़र[1]
है ज़मीन गर्दिश[2] में

मेरे घर में चूल्हा था
रोज़ खाना पकता था
रोटियाँ सुनहरी हैं
गर्म-गर्म ये खाना
खुल नहीं रहीं आँखें
क्या मैं मरनेवाला हूँ
माँ अजीब थी मेरी
रोज़ अपने हाथों से
मुझको वो खिलाती थी
कौन सर्द[3] हाथों से
छू रहा है चेहरे को
इक निवाला[4] हाथी का
इक निवाला घोड़े का
इक निवाला भालू का

1 दृश्य
2 चक्कर
3 ठंडे
4 कौर

मौत है कि बेहोशी
जो भी है ग़नीमत है
मौत है कि बेहोशी
जो भी है ग़नीमत है
आज तीसरा दिन था,
आज तीसरा दिन था।

ख़ुशशक्ल[1] भी है वो, ये अलग बात है, मगर
हमको ज़हीन[2] लोग हमेशा अज़ीज़[3] थे

1 अच्छी सूरतवाला

2 समझदार

3 प्यारे

ग़ज़ल

हम तो बचपन में भी अकेले थे
सिर्फ़ दिल की गली में खेले थे

इक तरफ़ मोर्चे थे पलकों के
इक तरफ़ आँसुओं के रेले थे

थीं सजी हसरतें[1] दूकानों पर
ज़िन्दगी के अजीब मेले थे

1 इच्छाएँ

ख़ुदकुशी क्या दुःखों का हल बनती
मौत के अपने सौ झमेले थे

ज़हनो-दिल आज भूखे मरते हैं
उन दिनों हमने फ़ाक़े झेले थे।

हमको उठना तो मुँहअँधेरे था
लेकिन इक ख़्वाब हमको घेरे था

बंजारा

मैं बंजारा
वक़्त के कितने शहरों से गुज़रा हूँ
लेकिन
वक़्त के इस इक शहर से जाते-जाते
मुड़के देख रहा हूँ
सोच रहा हूँ
तुमसे मेरा ये नाता भी टूट रहा है
तुमने मुझको छोड़ा था जिस शहर में आ के
वक़्त का अब वो शहर भी मुझसे छूट रहा है

मुझको बिदा करने आए हैं
इस नगरी के सारे बासी
वो सारे दिन
जिनके कंधे पर सोती है
अब भी तुम्हारी ज़ुल्फ़ की ख़ुशबू
सारे लम्हे
जिनके माथे पर हैं रौशन
अब भी तुम्हारे लम्स[1] का टीका

1 स्पर्श

नम आँखों से
गुमसुम मुझको देख रहे हैं
मुझ को इन के दुख का पता है
इन को मेरे ग़म की ख़बर है
लेकिन मुझ को हुक्मे-सफ़र है
जाना होगा
वक़्त के अगले शहर मुझे अब जाना होगा

वक़्त के अगले शहर के सारे बाशिंदे[1]
सब दिन सब रातें
जो तुम से नावाक़िफ़[2] होंगे
वो कब मेरी बात सुनेंगे
मुझसे कहेंगे
जाओ अपनी राह लो राही
हमको कितने काम पड़े हैं
जो बीती सो बीत गई
अब वो बातें क्यूँ दोहराते हो
कंधे पर ये झोली रक्खे
क्यूँ फिरते हो क्या पाते हो
मैं बेचारा
इक बंजारा
आवारा फिरते-फिरते जब थक जाऊँगा
तनहाई के टीले पर जाकर बैठूँगा
फिर जैसे पहचान के मुझको
इक बंजारा जान के मुझको
वक़्त के अगले शहर के
सारे नन्हे-मुन्ने भोले लम्हे
नंगे पाँव

1. निवासी
2 अपरिचित

दौड़े-दौड़े भागे-भागे आ जाएँगे
मुझको घेर के बैठेंगे
और मुझ से कहेंगे
क्यों बंजारे
तुम तो वक़्त के कितने शहरों से गुज़रे हो
उन शहरों की कोई कहानी हमें सुनाओ
उनसे कहूँगा
नन्हे लम्हो!
एक थी रानी...
सुन के कहानी
सारे नन्हे लम्हे
ग़मगीं[1] होकर मुझसे ये पूछेंगे
तुम क्यों उनके शहर न आईं
लेकिन उनको बहला लूँगा
उनसे कहूँगा
ये मत पूछो
आँखें मूँदो
और ये सोचो
तुम होतीं तो कैसा होता
तुम ये कहतीं
तुम वो कहतीं
तुम इस बात पे हैराँ होतीं
तुम उस बात पे कितनी हँसतीं
तुम होतीं तो ऐसा होता
तुम होतीं तो वैसा होता

धीरे-धीरे
मेरे सारे नन्हे लम्हे

1 दुखी

सो जाएँगे
और मैं
फिर हौले से उठकर
अपनी यादों की झोली कंधे पर रखकर
फिर चल दूँगा
वक़्त के अगले शहर की जानिब[1]
नन्हे लम्हों को समझाने
भोले लम्हों को बहलाने
यही कहानी फिर दोहराने
तुम होतीं तो ऐसा होता
तुम होतीं तो वैसा होता।

1 तरफ़

ग़ज़ल

दिल में महक रहे हैं किसी आरज़ू के फूल
पलकों पे खिलनेवाले हैं शायद लहू के फूल

अब तक है कोई बात मुझे याद हर्फ़-हर्फ़[1]
अब तक मैं चुन रहा हूँ किसी गुफ़्तगू[2] के फूल

कलियाँ चटक रही थीं कि आवाज़ थी कोई
अब तक समाअतों[3] में हैं इक खुशगुलू[4] के फूल

मेरे लहू का रंग है हर नोके-ख़ार[5] पर
सहरा[6] में हर तरफ़ हैं मिरी जुस्तजू[7] के फूल

दीवाने कल जो लोग थे फूलों के इश्क़ में
अब उनके दामनों में भरे हैं रफ़ू[8] के फूल

1 एक-एक अक्षर
2 बातचीत
3 सुनने की शक्ति
4 अच्छी आवाज़ वाला
5 काँटे की नोक
6 वीराना
7 तलाश
8 पैबंद

सब का ख़ुशी से फ़ासला एक क़दम है
हर घर में बस एक ही कमरा कम है

ग़ज़ल

सूखी टहनी तनहा चिड़िया फीका चाँद
आँखों के सहरा[1] में एक नमी का चाँद

उस माथे को चूमे कितने दिन बीते
जिस माथे की ख़ातिर था इक टीका चाँद

पहले तू लगती थी कितनी बेगाना
कितना मुब्हम[2] होता है पहली का चाँद

कम हो कैसे इन ख़ुशियों से तेरा ग़म
लहरों में कब बहता है नद्दी का चाँद

आओ अब हम इसके भी टुकड़े कर लें
ढाका, रावलपिंडी और दिल्ली का चाँद

1 वीराना

2 धुँधला

अपनी वजहे-बरबादी सुनिए तो मज़े की है
ज़िन्दगी से यूँ खेले जैसे दूसरे की है

एक मोहरे का सफ़र

जब वो कम उम्र ही था
उसने ये जान लिया था कि अगर जीना है
बड़ी चालाकी से जीना होगा
आँख की आख़िरी हद तक है बिसाते-हस्ती[1]
और वो मामूली-सा इक मोहरा है
एक इक ख़ाना बहुत सोच के चलना होगा
बाज़ी आसान नहीं थी उसकी
दूर तक चारों तरफ़ फैले थे
मोहरे
जल्लाद
निहायत सफ़्फ़ाक[2]
सख़्त बेरहम
बहुत ही चालाक
अपने क़ब्ज़े में लिये
पूरी बिसात[3]
उसके हिस्से में फ़क़त[4] मात लिये
वो जिधर जाता
उसे मिलता था

1 जीवन के शतरंज की बिसात
2 बेदर्द
3 शतरंज
4 केवल

हर नया ख़ाना नई घात लिये
वो मगर बचता रहा
चलता रहा
एक घर
दूसरा घर
तीसरा घर
पास आया कभी औरों के
कभी दूर हुआ
वो मगर बचता रहा
चलता रहा
गो[1] कि मामूली-सा मोहरा था मगर जीत गया
यूँ वो इक रोज़ बड़ा मोहरा बना
अब वो महफ़ूज़[2] है इक ख़ाने में
इतना महफ़ूज़ कि दुश्मन तो अलग
दोस्त भी पास नहीं आ सकते

उसके इक हाथ में है जीत उसकी
दूसरे हाथ में तनहाई है।

1 यद्यपि
2 सुरक्षित

मदर टेरेसा

ए माँ टेरेसा
मुझको तेरी अज़मत[1] से इनकार नहीं है
जाने कितने
सूखे लब और वीराँ आँखें
जाने कितने
थके बदन और ज़ख़्मी रूहें
कूड़ाघर में रोटी का इक टुकड़ा ढूँढते नंगे बच्चे
फ़ुटपाथों पर गलते सड़ते बुड्ढे कोढ़ी
जाने कितने
बेघर बेदर[2] बेकस[3] इनसाँ
जाने कितने
टूटे कुचले बेबस इनसाँ
तेरी छाँवों में
जीने की हिम्मत पाते हैं
इनको अपने होने की जो सज़ा मिली है
उस होने की सज़ा से
थोड़ी-सी ही
सही मोहलत[4] पाते हैं

1 महानता
2 बिना ठिकाना
3 असहाय
4 फ़ुरसत

तेरा लम्स[1] मसीहा है
और तेरा करम है एक समंदर
जिसका कोई पार नहीं है
ए माँ टेरेसा
मुझको तेरी अज़मत से इनकार नहीं है

मैं ठहरा ख़ुदग़र्ज़
बस इक अपनी ही ख़ातिर जीनेवाला
मैं तुझसे किस मुँह से पूछूँ
तूने कभी ये क्यूँ नहीं पूछा
किसने इन बदहालों को बदहाल किया है
तूने कभी ये क्यूँ नहीं सोचा
कौन-सी ताक़त
इनसानों से जीने का हक़ छीन के
उनको फ़ुटपाथों और कूड़ाघरों तक पहुँचाती है
तूने कभी ये क्यूँ नहीं देखा
वही निज़ामे-ज़र[2]
जिसने इन भूखों से रोटी छीनी है
तिरे कहने पर
भूखों के आगे
कुछ टुकड़े डाल रहा है
तूने कभी ये क्यूँ नहीं चाहा
नंगे बच्चे
बुड्ढे कोढ़ी
बेबस इनसाँ
इस दुनिया से
अपने जीने का हक़ माँगें
जीने की ख़ैरात न माँगें

1 स्पर्श

2 अर्थव्यवस्था

ऐसा क्यूँ है
इक जानिब[1] मज़लूम[2] से तुझको हमदर्दी है
दूसरी जानिब
ज़ालिम से भी आर[3] नहीं है
लेकिन सच है
ऐसी बातें
मैं तुझसे किस मुँह से पूछूँ
पूछूँगा तो
मुझ पर भी वो ज़िम्मेदारी आ जाएगी
जिससे मैं बचता आया हूँ

बेहतर है ख़ामोश रहूँ मैं
और अगर कुछ कहना हो तो
यही कहूँ मैं
ए माँ टेरेसा
मुझको तेरी अज़मत से इनकार नहीं है।

1 तरफ़,
2 ज़ुल्म सहनेवाला
3 संकोच

इस शहर में जीने के अंदाज़ निराले हैं
होंठों पे लतीफ़े हैं आवाज़ में छाले हैं

फ़साद से पहले

आज इस शहर में
हर शख़्स हिरासाँ[1] क्यूँ है
चेहरे
क्यों फ़क़्र[2] हैं
गली-कूचों में
किसलिए चलती है
ख़ामोशी-सरासीमा[3] हवा
आश्ना[4] आँखों पे भी
अजनबियत की ये बारीक-सी झिल्ली क्यूँ है
शहर
सन्नाटे की ज़ंजीरों में
जकड़ा हुआ मुलज़िम[5]-सा नज़र आता है
इक्का-दुक्का
कोई रहगीर गुज़र जाता है
ख़ौफ़ की गर्द से
क्यूँ धुँधला है सारा मंज़र
शाम की रोटी कमाने के लिए
घर से निकले तो हैं कुछ लोग

1 डरा हुआ
2 उतरे हुए
3 चुप और घबराई
4 परिचित
5 अपराधी

मगर
मुड़ के क्यूँ देखते हैं घर की तरफ़
आज
बाज़ार में भी
जाना-पहचाना सा वो शोर नहीं
सब यूँ चलते हैं कि जैसे
ये ज़मीं काँच की है
हर नज़र
नज़रों से कतराती है
बात
खुलकर नहीं हो पाती है
साँस रोके हुए
हर चीज़ नज़र आती है
आज
ये शहर इक सहमे हुए बच्चे की तरह
अपनी परछाईं से भी डरता है

जंत्री[1] देखो
मुझे लगता है
आज त्यौहार कोई है शायद।

1 पंचांग

ग़ज़ल

वो ढल रहा है तो ये भी रंगत बदल रही है
ज़मीन सूरज की उँगलियों से फिसल रही है

जो मुझको ज़िन्दा जला रहे हैं वो बेख़बर हैं
कि मेरी ज़ंजीर धीरे-धीरे पिघल रही है

मैं क़त्ल तो हो गया तुम्हारी गली में लेकिन
मिरे लहू से तुम्हारी दीवार गल रही है

न जलने पाते थे जिसके चूल्हे भी हर सवेरे
सुना है कल रात से वो बस्ती भी जल रही है

मैं जानता हूँ कि ख़ामशी[1] में ही मस्लहत[2] है
मगर यही मस्लहत मिरे दिल को खल रही है

कभी तो इनसान ज़िन्दगी की करेगा इज़्ज़त
ये एक उम्मीद आज भी दिल में पल रही है

1 ख़ामोशी; 2 समझदारी

फ़साद के बाद

गहरा सन्नाटा है
कुछ मकानों से ख़ामोश उठता हुआ
गाढ़ा काला धुआँ
मैल दिल में लिये
हर तरफ़ दूर तक फैलता जाता है
गहरा सन्नाटा है

लाश की तरह बेजान है रास्ता
एक टूटा हुआ ठेला
उलटा पड़ा
अपने पहिए हवा में उठाए हुए
आसमानों को हैरत से तकता है
जैसे कि जो भी हुआ
उसका अब तक यक़ीं इसको आया नहीं
गहरा सन्नाटा है

एक उजड़ी दूकाँ
चीख़ के बाद मुँह

जो खुला का खुला रह गया
अपने टूटे किवाड़ों से वो
दूर तक फैले
चूड़ी के टुकड़ों को
हसरतज़दा[1] नज़रों से देखती है
कि कल तक यही शीशे
इस पोपले के मुँह में
सौ रंग के दाँत थे
गहरा सन्नाटा है

गहरे सन्नाटे ने अपने मंज़र से यूँ बात की
सुन ले उजड़ी दुकाँ
ए सुलगते मकाँ
टूटे ठेले
तुम्हीं बस नहीं हो अकेले
यहाँ और भी हैं
जो ग़ारत[2] हुए हैं
हम इनका भी मातम करेंगे
मगर पहले उनको तो रो लें
कि जो लूटने आए थे
और ख़ुद लुट गए
क्या लुटा
इसकी उनको ख़बर ही नहीं
कमनज़र हैं
कि सदियों की तहज़ीब पर
उन बेचारों की कोई नज़र ही नहीं।

1 उदास आशा से भरी नज़र

2 बरबाद

ग़ज़ल

ख़्वाब के गाँव में पले हैं हम
पानी छलनी में ले चले हैं हम

छाछ फूँकें कि अपने बचपन में
दूध से किस तरह जले हैं हम

ख़ुद हैं अपने सफ़र की दुश्वारी[1]
अपने पैरों के आबले[2] हैं हम

तू तो मत कह हमें बुरा दुनिया
तूने ढाला है और ढले हैं हम

क्यूँ हैं कब तक हैं किसकी ख़ातिर हैं
बड़े संजीदा[3] मसअले[4] हैं हम

1 मुश्किल
2 छाले
3 गम्भीर; 4 समस्या

गली में शोर था मातम था और होता क्या
मैं घर में था मगर इस ग़ुल[1] में कोई सोता क्या

1 शोर

ग़ज़ल

ग़म होते हैं जहाँ जहानत होती है
दुनिया में हर शय[1] की क़ीमत होती है

अकसर वो कहते हैं वो बस मेरे हैं
अकसर क्यूँ कहते हैं हैरत होती है

तब हम दोनों वक़्त चुराकर लाते थे
अब मिलते हैं जब भी फ़ुरसत होती है

अपनी महबूबा में अपनी माँ देखें
बिन माँ के लड़कों की फ़ितरत[2] होती है

इक कश्ती में एक क़दम ही रखते हैं
कुछ लोगों की ऐसी आदत होती है

1 चीज़

2 प्रकृति

आज की दुनिया में जीने का क़रीना[1] समझो
जो मिलें प्यार से उन लोगों को ज़ीना[2] समझो

1 तरीक़ा
2 सीढ़ी

ग़ज़ल

हमसे दिलचस्प कभी सच्चे नहीं होते हैं
अच्छे लगते हैं मगर अच्छे नहीं होते हैं

चाँद में बुढ़िया बुज़ुर्गों में ख़ुदा को देखें
भोले अब इतने तो ये बच्चे नहीं होते हैं

कोई याद आए हमें कोई हमें याद करे
और सब होता है ये क़िस्से नहीं होते हैं

कोई मंज़िल हो बहुत दूर ही होती है मगर
रास्ते वापसी के लम्बे नहीं होते हैं

आज तारीख़[1] तो दोहराती है ख़ुद को लेकिन
इसमें बेहतर जो थे वो हिस्से नहीं होते हैं।

1 इतिहास

कम से कम उसको देख लेते थे
अब के सैलाब में वो पुल भी गया

मुअम्मा[1]

हम दोनों जो हर्फ़[2] थे
हम इक रोज़ मिले
इक लफ़्ज़[3] बना
और हमने इक माने[4] पाए
फिर जाने क्या हम पर गुज़री
और अब यूँ है
तुम इक हर्फ़ हो
इक ख़ाने में
मैं इक हर्फ़ हूँ
इक ख़ाने में
बीच में
कितने लम्हों के ख़ाने ख़ाली हैं
फिर से कोई लफ़्ज़ बने
और हम दोनों इक माने पाएँ
ऐसा हो सकता है
लेकिन
सोचना होगा
इन ख़ाली ख़ानों में हमको भरना क्या है।

1 पहेली
2 अक्षर
3 शब्द
4 अर्थ

ऐ सफ़र इतना रायगाँ[1] तो न जा
न हो मंज़िल कहीं तो पहुँचा दे

1 बेकार

उलझन

करोड़ों चेहरे
और उनके पीछे
करोड़ों चेहरे
ये रास्ते हैं कि भिड़ के छत्ते
ज़मीन जिस्मों से ढक गई है
क़दम तो क्या तिल भी धरने की अब जगह नहीं है
ये देखता हूँ तो सोचता हूँ
कि अब जहाँ हूँ
वहीं सिमट के खड़ा रहूँ मैं
मगर करूँ क्या
कि जानता हूँ
कि रुक गया तो
जो भीड़ पीछे से आ रही है
वो मुझको पैरों तले कुचल देगी, पीस देगी
तो अब जो चलता हूँ मैं
तो ख़ुद मेरे अपने पैरों में आ रहा है
किसी का सीना
किसी का बाज़ू

किसी का चेहरा
चलूँ
तो औरों पे ज़ुल्म ढाऊँ
रुकूँ
तो औरों के ज़ुल्म झेलूँ

ज़मीर[1]
तुझको तो नाज़ है अपनी मुंसिफ़ी[2] पर
ज़रा सुनूँ तो
कि आज क्या तेरा फ़ैसला है।

1 अंतरात्मा
2 न्यायप्रियता

जहन्नुमी[1]

1 नारकीय

मैं अकसर सोचता हूँ
ज़हन[2] की तारीक[3] गलियों में
दहकता और पिघलता
धीरे-धीरे आगे बढ़ता
ग़म का ये लावा
अगर चाहूँ
तो रुक सकता है
मेरे दिल की कच्ची खाल पर रक्खा ये अंगारा
अगर चाहूँ
तो बुझ सकता है
लेकिन
फिर ख़याल आता है
मेरे सारे रिश्तों में पड़ी
सारी दरारों से
गुज़र के आनेवाली बर्फ़ से ठंडी हवा
और मेरी हर पहचान पर सर्दी का ये मौसम
कहीं ऐसा न हो
इस जिस्म को, इस रूह को ही मुंजमिद[4] कर दे

2 मस्तिष्क; 3 अँधेरी

4 स्थिर

मैं अकसर सोचता हूँ
ज़हन की तारीक गलियों में
दहकता और पिघलता
धीरे-धीरे आगे बढ़ता
ग़म का ये लावा
अज़ीयत[1] है
मगर फिर भी ग़नीमत[2] है
इसी से रूह में गर्मी
बदन में ये हरारत[3] है
ये ग़म मेरी ज़रूरत है
मैं अपने ग़म से ज़िन्दा हूँ

1 तकलीफ़
2 ठीक
3 गर्मी

बीमार की रात

दर्द बेरहम है
जल्लाद है दर्द
दर्द कुछ कहता नहीं
सुनता नहीं
दर्द बस होता है
दर्द का मारा हुआ
रौंदा हुआ
जिस्म तो अब हार गया
रूह ज़िद्दी है
लड़े जाती है
हाँपती
काँपती
घबराई हुई
दर्द के ज़ोर से
थर्राई हुई
जिस्म से लिपटी है
कहती है
नहीं छोड़ूँगी

मौत
चौखट पे खड़ी है कब से
सब्र से देख रही है उसको
आज की रात
न जाने क्या हो

ग़ज़ल

ये तसल्ली है कि हैं नाशाद[1] सब
मैं अकेला ही नहीं बरबाद सब

सबकी ख़ातिर हैं यहाँ सब अजनबी
और कहने को हैं घर आबाद सब

भूलके सब रंजिशें[2] सब एक हैं
मैं बताऊँ सबको होगा याद सब

सबको दावाऐ-वफ़ा सबको यक़ीं
इस अदाकारी में हैं उस्ताद सब

शहर के हाकिम का ये फ़रमान है
क़ैद में कहलाएँगे आज़ाद सब

1 नाख़ुश

2 दुश्मनी

चार लफ़्ज़ों में कहो जो भी कहो
उसको कब फ़ुरसत सुने फ़रियाद सब

तल्ख़ियाँ[1] कैसे न हों अशआर[2] में
हम पे जो गुज़री हमें है याद सब

1 कड़वाहटें
2 शे'र का बहुवचन

ग़ज़ल

मैं पा सका न कभी इस ख़लिश[1] से छुटकारा
वो मुझसे जीत भी सकता था जाने क्यों हारा

1 उलझन

बरस के खुल गए आँसू निथर गई है फ़िज़ा
चमक रहा है सरे-शाम[2] दर्द का तारा

2 शाम होते ही

किसी की आँख से टपका था इक अमानत है
मिरी हथेली पे रक्खा हुआ ये अंगारा

जो पर समेटे तो इक शाख़ भी नहीं पाई
खुले थे पर तो मिरा आसमान था सारा

वो साँप छोड़ दे डसना ये मैं भी कहता हूँ
मगर न छोड़ेंगे लोग उसको गर न फुंकारा।

लो देख लो ये इश्क़ है ये वस्ल[1] है ये हिज्र[2]
अब लौट चलें आओ बहुत काम पड़ा है

1 मिलन; 2 जुदाई

ग़ज़ल

मैं ख़ुद भी सोचता हूँ ये क्या मेरा हाल है
जिसका जवाब चाहिए वो क्या सवाल है

घर से चला तो दिल के सिवा पास कुछ न था
क्या मुझसे खो गया है मुझे क्या मलाल[1] है

आसूदगी[2] से दिल के सभी दाग़ धुल गए
लेकिन वो कैसे जाए जो शीशे में बाल है

बेदस्तोपा[3] हूँ आज तो इल्ज़ाम किसको दूँ
कल मैंने ही बुना था ये मेरा ही जाल है

फिर कोई ख़्वाब देखूँ, कोई आरज़ू करूँ
अब ऐ दिले-तबाह[4] तिरा क्या ख़याल है

1 दुख
2 ख़ुशहाली
3 मजबूर
4 बरबाद दिल

वह शक्ल पिघली तो हर शय में ढल गई जैसे
अजीब बात हुई है उसे भुलाने में

शिकस्त[1]

1 हार

स्याह[2] टीले पे तनहा खड़ा वो सुनता है
फ़िज़ा में गूँजती अपनी शिकस्त की आवाज़
निगह[3] के सामने
मैदाने-कारज़ार[4] जहाँ
जियाले[5] ख़्वाबों के पामाल[6] और ज़ख़्मी बदन
पड़े हैं बिखरे हुए चारों सम्त[7]
बेतरतीब[8]
बहुत से मर चुके
और जिनकी साँस चलती है
सिसक रहे हैं
किसी लम्हा मरनेवाले हैं
ये उसके ख़्वाब
ये उसकी सिपाह[9]
उसके जरी[10]
चले थे घर से तो कितनी ज़मीन जीती थी
झुकाए कितने थे मग़रूर[11] बादशाहों के सिर

2 काला
3 नज़र
4 रणभूमि
5 निडर; 6 रौंदे हुए
7 तरफ़
8 अस्त-व्यस्त
9 फ़ौज
10 बहादुर
11 अभिमानी

फ़सीलें[1] टूट के गिर के सलाम करती थीं 1 क़िले की दीवारें
पहुँचना शर्त थी
थर्रा के आप खुलते थे
तमाम क़िलओं के दरवाज़े
सारे महलों के दर
नज़र में उन दिनों मंज़र बहुत सजीला था
ज़मीं सुनहरी थी
और आसमान नीला था
मगर थी ख़्वाबों के लश्कर में किसको इसकी ख़बर
हर एक क़िस्से का इक इख़तिताम[2] होता है 2 अंत
हज़ार लिख दे कोई फ़तह[3] ज़र्रे-ज़र्रे पर 3 विजय
मगर शिकस्त का भी इक मुक़ाम होता है
उफ़क़ पे[4] चींटियाँ रेंगीं 4 क्षितिज
ग़नीम[5] फ़ौजों ने 5 दुश्मन
वो देखता है
कि ताज़ा कुमक बुलाई है
शिकारी निकले हैं उसके शिकार की ख़ातिर
ज़मीन कहती है
ये नरग़ा[6] तंग होने को है 6 घेरा
हवाएँ कहती हैं
अब वापसी का मौसम है
प[7] वापसी का कहाँ रास्ता बनाया था 7 पर
जब आ रहा था कहाँ ये ख़याल आया था
पलट के देखता है
सामने समंदर है
किनारे कुछ भी नहीं
सिर्फ़ एक राख का ढेर

ये उसकी कश्ती है
कल उसने ख़ुद जलाई थी

क़रीब आने लगीं क़ातिलों की आवाज़ें
स्याह टीले पे तनहा खड़ा वो सुनता है।

वो नहर एक क़िस्सा है दुनिया के वास्ते
फ़रहाद ने तराशा था ख़ुद को चटान पर

ग़ज़ल

सच ये है बेकार हमें ग़म होता है
जो चाहा था दुनिया में कम होता है

ढलता सूरज फैला जंगल रस्ता गुम
हमसे पूछो कैसा आलम होता है

ग़ैरों को कब फ़ुरसत है दुख देने की
जब होता है कोई हमदम होता है

ज़ख़्म तो हमने इन आँखों से देखे हैं
लोगों से सुनते हैं मरहम होता है

ज़हन की शाख़ों पर अशआर[1] आ जाते हैं
जब तेरी यादों का मौसम होता है

1 शे'र का बहुवचन

मिरे वुजूद[1] से यूँ बेख़बर है वो जैसे
वो एक धूपघड़ी है मैं रात का पल हूँ

1 अस्तित्व

ग़ज़ल

शहर के दूकाँदारो! कारोबारे-उलफ़त[1] में
सूद[2] क्या ज़ियाँ[3] क्या है, तुम न जान पाओगे
दिल के दाम कितने हैं ख़्वाब कितने महँगे हैं
और नक़दे-जाँ[4] क्या है तुम न जान पाओगे

कोई कैसे मिलता है फूल कैसे खिलता है
आँख कैसे झुकती है साँस कैसे रुकती है
कैसे रह[5] निकलती है कैसे बात चलती है
शौक़ की ज़बाँ क्या है तुम न जान पाओगे

वस्ल[6] का सुकूँ क्या है हिज्र[7] का जुनूँ[8] क्या है
हुस्न का फ़ुसूँ[9] क्या है इश्क़ के दुरूँ[10] क्या है
तुम मरीज़े-दानाई[11] मस्लहत[12] के शैदाई
राहे-गुमरहाँ[13] क्या है तुम न जान पाओगे

1 दिल का व्यापार
2 लाभ; 3 हानि
4 आत्मा की पूँजी
5 राह
6 मिलन; 7 विरह
8 पागलपन
9 जादू; 10 अन्दर
11 जिसे सोचने-समझने का रोग हो
12 कूटनीति पसन्द करने वाला
13 गुमराहों का रास्ता

ज़ख़्म कैसे फलते हैं दाग़ कैसे जलते हैं
दर्द कैसे होता है, कोई कैसे रोता है
अश्क क्या है नाले[1] क्या दश्त[2] क्या है छाले क्या
आह क्या फ़ुग़ाँ[3] क्या है तुम न जान पाओगे

1 दर्द-भरी आवाज़
2 वीराना; 3 फ़रियाद

नामुराद[4] दिल कैसे सुब्हो-शाम करते हैं
कैसे ज़िन्दा रहते हैं और कैसे मरते हैं
तुमको कब नज़र आई ग़मज़दों[5] की तनहाई
ज़ीस्त बे-अमाँ[6] क्या है तुम न जान पाओगे

4 निराश
5 दुखियारों
6 असुरक्षित जीवन

जानता हूँ मैं तुमको ज़ौक़-ए-शाइरी[7] भी है
शख़्सियत[8] सजाने में इक ये माहिरी[9] भी है
फिर भी हर्फ़ चुनते हो सिर्फ़ लफ़्ज़ सुनते हो
इनके दरमियाँ[10] क्या है तुम न जान पाओगे

7 शायरी का शौक़
8 व्यक्तित्व; 9 महारत
10 बीच

ग़ज़ल

जिस्म दमकता, ज़ुल्फ़ घनेरी, रंगीं लब आँखें जादू
संग-ए-मरमर, ऊदा बादल, सुर्ख़ शफ़क़[1], हैराँ आहू[2]

1 लाल क्षितिज
2 हिरनी

भिक्षु दानी, प्यासा पानी, दरिया सागर, जल गागर
गुलशन ख़ुशबू, कोयल कू-कू, मस्ती दारू, मैं और तू

बाँबी नागन, छाया आँगन, घुँघरू छन-छन, आशा मन
आँखें काजल, परबत बादल, वो ज़ुल्फ़ें और ये बाज़ू

रातें महकी, साँसें दहकी, नज़रें बहकी, रुत लहकी
सपन सलोना, प्रेम खिलौना, फूल बिछौना वो पहलू

तुमसे दूरी, ये मजबूरी, ज़ख़्म-ए-कारी[3], बेदारी[4]
तनहा रातें, सपने कातें, ख़ुद से बातें मेरी ख़ू[5]

3 गहरा घाव,
4 जागरण; 5 आदत

उन चराग़ों में तेल ही कम था
क्यों गिला[1] फिर हमें हवा से रहे

1 शिकायत

हिज्र[1]

कोई शे'र कहूँ
या दुनिया के किसी मौज़ूं[2] पर
मैं कोई नया मज़मून[3] पढ़ूँ
या कोई अनोखी बात सुनूँ
कोई बात
जो हँसनेवाली हो
कोई फ़िक़रा[4]
जो दिलचस्प लगे
या कोई ख़याल अछूता-सा
या कहीं मिले
कोई मंज़र
जो हैराँ कर दे
कोई लम्हा
जो दिल को छू जाए
मैं अपने ज़हन के गोशों[5] में
इन सबको सँभाल के रखता हूँ
और सोचता हूँ
जब मिलोगे
तुमको सुनाऊँगा।

1 विरह
2 विषय
3 लेख
4 जुमला, वाक्य
5 कोनों

मेरी बुनियादों में कोई टेढ़ थी
अपनी दीवारों को क्या इल्ज़ाम दूँ

दुश्वारी[1]

1 कठिनाई

मैं भूल जाऊँ तुम्हें
अब यही मुनासिब है
मगर भुलाना भी चाहूँ तो किस तरह भूलूँ
कि तुम तो फिर भी हक़ीक़त हो
कोई ख़्वाब नहीं
यहाँ तो दिल का ये आलम है क्या कहूँ
कमबख़्त!
भुला न पाया ये वो सिलसिला
जो था ही नहीं
वो इक ख़याल
जो आवाज़ तक गया ही नहीं
वो एक बात
जो मैं कह नहीं सका तुमसे
वो एक रब्त[2]
जो हममें कभी रहा ही नहीं
मुझे है याद वो सब
जो कभी हुआ ही नहीं।

2 सम्बन्ध

तुम्हें भी याद नहीं और मैं भी भूल गया
वो लम्हा कितना हसीं था मगर फ़ुज़ूल[1] गया

1 बेकार

आसार-ए-क़दीमा[1]

1 भग्नावशेष

एक पत्थर की अधूरी मूरत
चन्द ताँबे के पुराने सिक्के
काली चाँदी के अजब से ज़ेवर
और कई काँसे के टूटे बरतन
एक सहरा में मिले
ज़ेरे-ज़मीं[2]
लोग कहते हैं कि सदियों पहले
आज सहरा है जहाँ
वहीं इक शहर हुआ करता था
और मुझको ये ख़याल आता है
किसी तक़रीब[3]
किसी महफ़िल में
सामना तुझसे मिरा आज भी हो जाता है।
एक लम्हे को
बस इक पल के लिए
जिस्म की आँच
उचटती-सी नज़र
सुर्ख़ बिंदिया की दमक

2 ज़मीन के नीचे

3 समारोह

सरसराहट तिरे मलबूस[1] की
बालों की महक
बेख़याली में कभी
लम्स[2] का नन्हा-सा फूल
और फिर दूर तक वही सहरा
वही सहरा कि जहाँ
कभी इक शहर हुआ करता था।

1 लिबास

2 स्पर्श

ग़ज़ल

फिरते हैं कब से दर-बदर अब इस नगर अब उस नगर
इक दूसरे के हमसफ़र मैं और मिरी आवारगी
नाआश्ना[1] हर रहगुज़र नामेहरबाँ हर इक नज़र
जाएँ तो अब जाएँ किधर मैं और मिरी आवारगी

1 अपरिचित

हम भी कभी आबाद थे ऐसे कहाँ बरबाद थे
बेफ़िक्र थे आज़ाद थे मसरूर[2] थे दिलशाद[3] थे
वो चाल ऐसी चल गया हम बुझ गए दिल जल गया
निकले जलाके अपना घर मैं और मिरी आवारगी

2 प्रसन्न; 3 दिल से ख़ुश

जीना बहुत आसान था इक शख़्स का एहसान था
हमको भी इक अरमान था जो ख़्वाब का सामान था
अब ख़्वाब हैं न आरज़ू अरमान है न जुस्तजू
यूँ भी चलो ख़ुश हैं मगर मैं और मिरी आवारगी

वो माहवश[1] वो माहरू[2] वो माहे-कामिल[3] हू-बहू
थीं जिसकी बातें कू-बकू[4] उससे अजब थी गुफ़्तगू
फिर यूँ हुआ वो खो गई तो मुझको ज़िद सी हो गई
लाएँगे उसको ढूँढकर मैं और मिरी आवारगी

1 चाँद जैसी; 2 चाँद जैसे चेहरेवाली;
3 पूरा चाँद; 4 गली-गली

ये दिल ही था जो सह गया वो बात ऐसी कह गया
कहने को फिर क्या रह गया अश्कों का दरिया बह गया
जब कहके वो दिलबर गया तेरे लिए मैं मर गया
रोते हैं उसको रात-भर मैं और मिरी आवारगी

अब ग़म उठाएँ किसलिए आँसू बहाएँ किसलिए
ये दिल जलाएँ किसलिए यूँ जाँ गवाएँ किसलिए
पेशा न हो जिसका सितम ढूँढेंगे अब ऐसा सनम
होंगे कहीं तो कारगर[5] मैं और मिरी आवारगी

5 सफल

आसार हैं सब खोट के इमकान[6] हैं सब चोट के
घर बंद हैं सब गोट के अब ख़त्म हैं सब टोटके
क़िस्मत का सब ये फेर है अँधेर है अँधेर है
ऐसे हुए हैं बेअसर मैं और मिरी आवारगी

6 सम्भावना

जब हमदमो-हमराज़ था तब और ही अंदाज़ था
अब सोज़[7] है तब साज़[8] था अब शर्म है तब नाज़ था
अब मुझसे हो तो हो भी क्या है साथ वो तो वो भी क्या
इक बेहुनर[9] इक बेसमर[10] मैं और मिरी आवारगी

7 दर्द; 8 बाध्य
9 गुणहीन; 10 निष्फल

ग़म बिकते हैं

ग़म बिकते हैं
बाज़ारों में
ग़म काफ़ी महँगे बिकते हैं
लहजे की दुक्कान अगर चल जाए तो
जज़्बे[1] के गाहक
छोटे बड़े हर ग़म के खिलौने
मुँह माँगी क़ीमत पे ख़रीदें
मैंने हमेशा अपने ग़म अच्छे दामों बेचे हैं
लेकिन
जो ग़म मुझको आज मिला है
किसी दुकाँ पर रखने के क़ाबिल ही नहीं है
पहली बार मैं शर्मिन्दा हूँ
ये ग़म बेच नहीं पाऊँगा।

1 भावनाओं

थकन से चूर पास आया था इसके
गिरा सोते में मुझ पर ये शजर[1] क्यों?

1 पेड़

आओ, और न सोचो

आओ
और न सोचो
सोच के क्या पाओगे
जितना भी समझे हो
उतना पछताए हो
जितना भी समझोगे
उतना पछताओगे
आओ
और न सोचो
सोच के क्या पाओगे

तुम एहसास की जिस मंज़िल पर अब पहुँचे हो
वो मेरी देखी-भाली है
जाने भी दो
इसका कब तक सोग मनाना
ये दुनिया
अन्दर से इतनी क्यूँ काली है

आओ
कुछ अब जीने का सामान करें हम
सच के हाथों
हमने जो मुश्किल पाई है
झूठ के हाथों
वो मुश्किल आसान करें हम
तुम मेरी आँखों में आँखें डालके देखो
फिर मैं तुमसे
सारी झूठी क़समें खाऊँ
फिर तुम वो सारी झूठी बातें दोहराओ
जो सबको अच्छी लगती हैं
जैसे
वफ़ा करने की बातें
जीने की मरने की बातें
हम दोनों
यूँ वक़्त गुज़ारें
मैं तुमको कुछ ख़्वाब दिखाऊँ
तुम मुझको कुछ ख़्वाब दिखाओ
जिनकी
कोई ताबीर[1] नहीं हो
जितने दिन ये मेल रहेगा
देखो अच्छा खेल रहेगा
और
कभी दिल भर जाए तो

1 सपने का अर्थ

कह देना तुम
बीत गया मिलने का मौसम

आओ
और न सोचो
सोच के क्या पाओगे

उनसे अब वापस ख़रीदूँ ख़ुद को मैं
लोग जो माँगें वो अपने दाम दूँ

ग़ज़ल

मेरे दिल में उतर गया सूरज
तीरगी[1] में निखर गया सूरज

दर्स[2] देकर हमें उजाले का
ख़ुद अँधेरे के घर गया सूरज

हमसे वादा था इक सवेरे का
हाय कैसा मुकर गया सूरज

चाँदनी अक्स, चाँद आईना
आईने में सँवर गया सूरज

डूबते वक़्त ज़र्द[3] था इतना
लोग समझे कि मर गया सूरज

1 अँधेरा
2 शिक्षा
3 पीला

एक खिलौना जोगी से खो गया था बचपन में
ढूँढता फिरा उसको वो नगर-नगर तनहा

वक़्त

ये वक़्त क्या है
ये क्या है आख़िर कि जो मुसलसल[1] गुज़र रहा है
ये जब न गुज़रा था
तब कहाँ था
कहीं तो होगा
गुज़र गया है
तो अब कहाँ है
कहीं तो होगा
कहाँ से आया किधर गया है
ये कब से कब तक का सिलसिला है
ये वक़्त क्या है

वे वाक़ए[2]
हादसे[3]
तसादुम[4]
हर एक ग़म

1 लगातार
2 घटनाएँ
3 दुर्घटनाएँ
4 टकराव

और हर इक मसर्रत[1]
हर इक अज़ीयत[2]
हर एक लज़्ज़त[3]
हर इक तबस्सुम[4]
हर एक आँसू
हर एक नग़मा[5]
हर एक ख़ुशबू
वो ज़ख़्म का दर्द हो
कि वो लम्स[6] का हो जादू
ख़ुद अपनी आवाज़ हो कि माहौल की सदाएँ[7]
ये ज़हन में बनती और बिगड़ती हुई फ़िज़ाएँ
वो फ़िक्र में आए ज़लज़ले[8] हों
कि दिल की हलचल
तमाम एहसास
सारे जज़्बे
ये जैसे पत्ते हैं
बहते पानी की सतह पर
जैसे तैरते हैं
अभी यहाँ हैं
अभी वहाँ हैं
और अब हैं ओझल
दिखाई देता नहीं है लेकिन
ये कुछ तो है
जो कि बह रहा है
ये कैसा दरिया है

1 ख़ुशी
2 तकलीफ़
3 आनंद
4 मुस्कान
5 गीत
6 स्पर्श
7 आवाज़ें
8 भूचाल

किन पहाड़ों से आ रहा है
ये किस समंदर को जा रहा है
ये वक़्त क्या है

कभी-कभी मैं ये सोचता हूँ
कि चलती गाड़ी से पेड़ देखो
तो ऐसा लगता है
दूसरी सम्त[1] जा रहे हैं
मगर हक़ीक़त में
पेड़ अपनी जगह खड़े हैं
तो क्या ये मुमकिन है
सारी सदियाँ
क़तार अन्दर क़तार[2] अपनी जगह खड़ी हों
ये वक़्त साकित[3] हो
और हम ही गुज़र रहे हों
इस एक लम्हे में
सारे लम्हे
तमाम सदियाँ छुपी हुई हों
न कोई आइंदा[4]
न गुज़िश्ता[5]
जो हो चुका है
वो हो रहा है
जो होनेवाला है
हो रहा है
मैं सोचता हूँ

1 दिशा
2 पंक्ति-दर-पंक्ति
3 ठहरा हुआ
4 भविष्य
5 भूतकाल

कि क्या ये मुमकिन है
सच ये हो
कि सफ़र में हम हैं
गुज़रते हम हैं
जिसे समझते हैं हम
गुज़रता है
वो थमा है
गुज़रता है या थमा हुआ है
इकाई है या बँटा हुआ है
है मुंजमिद[1]
या पिघल रहा है
किसे ख़बर है
किसे पता है
वक़्त क्या है

1 जमा हुआ

ये क़ाएनाते-अजीम[2]
लगता है
अपनी अज़मत[3] से
आज भी मुतमइन[4] नहीं है
कि लम्हा-लम्हा
वसीइतर[5] और वसीइतर होती जा रही है
ये अपनी बाँहें पसारती है
ये कहकशाँओं[6] की उँगलियों से
नये ख़लाओं[7] को छू रही है
अगर ये सच है

2 विशाल ब्रह्मांड
3 महानता
4 सन्तुष्ट
5 विशाल
6 आकाशगंगाओं
7 अंतरिक्षों

तो हर तसव्वुर[1] की हद से बाहर
मगर कहीं पर
यक़ीनन[2] ऐसा कोई ख़ला है
कि जिसको
इन कहकशाँओं की उँगलियों ने
अब तक छुआ नहीं है
ख़ला
जहाँ कुछ हुआ नहीं है
ख़ला
कि जिसने किसी से भी 'कुन'[3] सुना नहीं है
जहाँ अभी तक ख़ुदा नहीं है
वहाँ
कोई वक़्त भी न होगा
ये क़ाएनाते-अज़ीम
इक दिन
छुएगी
उस अनछुए ख़ला को
और अपने सारे वुजूद[4] से
जब पुकारेगी
'कुन'
तो वक़्त को भी जनम मिलेगा
अगर जनम है तो मौत भी है
मैं सोचता हूँ
ये सच नहीं
कि वक़्त की कोई इब्तिदा[5] है न इन्तहा[6] है

1 कल्पना

2 निस्संदेह

3 'हो जा' माना जाता है कि ईश्वर के इन शब्दों से सृष्टि की रचना हुई थी

4 अस्तित्व

5 आदि; 6 अंत

ये डोर लंबी बहुत है
लेकिन
कहीं तो इस डोर का सिरा है
अभी ये इनसाँ उलझ रहा है
कि वक़्त के इस क़फ़स[1] में पैदा हुआ
यहीं वो पला-बढ़ा है
मगर उसे इल्म[2] हो गया है
कि वक़्त के इस क़फ़स से बाहर भी
इक फ़िज़ा[3] है
वो सोचता है
वो पूछता है
ये वक़्त क्या है?

1 पिंजरे
2 ज्ञान
3 वातावरण

ग़ज़ल

दर्द के फूल भी खिलते हैं बिखर जाते हैं
ज़ख़्म कैसे भी हों कुछ रोज़ में भर जाते हैं

रास्ता रोके खड़ी है यही उलझन कब से
कोई पूछे तो कहें क्या कि किधर जाते हैं

छत की कड़ियों से उतरते हैं मिरे ख़्वाब मगर
मेरी दीवारों से टकरा के बिखर जाते हैं

नर्म अल्फ़ाज़[1], भली बातें, मुहज़्ज़ब[2] लहजे
पहली बारिश ही में ये रंग उतर जाते हैं

1 शब्द; 2 सभ्य बोली

उस दरीचे[3] में भी अब कोई नहीं और हम भी
सर झुकाए हुए चुपचाप गुज़र जाते हैं

3 खिड़की

आगही[1] से मिली है तनहाई
आ मिरी जान मुझको धोखा दे

1 जानकारी

ग़ज़ल

मुझको यक़ीं है सच कहती थीं जो भी अम्मी कहती थीं
जब मेरे बचपन के दिन थे चाँद में परियाँ रहती थीं

एक ये दिन जब अपनों ने भी हमसे नाता तोड़ लिया
एक वो दिन जब पेड़ की शाख़ें बोझ हमारा सहती थीं

एक ये दिन जब सारी सड़कें रूठी-रूठी लगती हैं
एक वो दिन जब 'आओ खेलें' सारी गलियाँ कहती थीं

एक ये दिन जब जागी रातें दीवारों को तकती हैं
एक वो दिन जब शामों की भी पलकें बोझिल रहती थीं

एक ये दिन जब ज़हन में सारी अय्यारी[1] की बातें हैं
एक वो दिन जब दिल में भोली-भाली बातें रहती थीं

1 चालाकी

एक ये दिन जब लाखों ग़म और काल पड़ा है आँसू का
एक वो दिन जब एक ज़रा-सी बात पे नदियाँ बहती थीं

एक ये घर जिस घर में मेरा साज़ो-सामाँ[1] रहता है
एक वो घर जिस घर में मेरी बूढ़ी नानी रहती थीं

1 तामझाम

दोराहा

अपनी बेटी ज़ोया के नाम

ये जीवन इक राह नहीं
इक दोराहा है

पहला रस्ता
बहुत सहल है
इसमें कोई मोड़ नहीं है
ये रस्ता
इस दुनिया से बेजोड़ नहीं है
इस रस्ते पर मिलते हैं
रीतों के आँगन
इस रस्ते पर मिलते हैं
रिश्तों के बंधन
इस रस्ते पर चलनेवाले
कहने को सब सुख पाते हैं
लेकिन
टुकड़े-टुकड़े होकर

सब रिश्तों में बँट जाते हैं
अपने पल्ले कुछ नहीं बचता
बचती है
बेनाम-सी उलझन
बचता है
साँसों का ईंधन
जिसमें उनकी अपनी हर पहचान
और उनके सारे सपने
जल बुझते हैं
इस रस्ते पर चलनेवाले
ख़ुद को खोकर जग पाते हैं
ऊपर-ऊपर तो जीते हैं
अन्दर-अन्दर मर जाते हैं।

दूसरा रस्ता
बहुत कठिन है
इस रस्ते में
कोई किसी के साथ नहीं है
कोई सहारा देनेवाला हाथ नहीं है
इस रस्ते में
धूप है
कोई छाँव नहीं है
जहाँ तसल्ली भीख में दे दे कोई किसी को
इस रस्ते में
ऐसा कोई गाँव नहीं है

ये उन लोगों का रस्ता है
जो ख़ुद अपने तक जाते हैं
अपने आपको जो पाते हैं
तुम इस रस्ते पर ही चलना।

मुझे पता है
ये रस्ता आसान नहीं है
लेकिन मुझको ये ग़म भी है
तुमको अब तक
क्यूँ अपनी पहचान नहीं है।

रात सर पर है और सफ़र बाक़ी
हमको चलना ज़रा सवेरे था।

ग़ज़ल

मिरी ज़िन्दगी, मिरी मंज़िलें, मुझे कुर्ब[1] में नहीं, दूर दे
मुझे तू दिखा वही रास्ता, जो सफ़र के बाद ग़ुरूर[2] दे

वही जज़्बा दे जो शदीद[3] हो, हो ख़ुशी तो जैसे कि ईद हो
कभी ग़म मिले तो बला का हो, मुझे वो भी एक सुरूर[4] दे

तू ग़लत न समझे तो मैं कहूँ, तिरा शुक्रिया कि दिया सुकूँ[5]
जो बढ़े तो बढ़के बने जुनूँ, मुझे वो ख़लिश[6] भी ज़रूर दे

मुझे तूने की है अता[7] ज़बाँ, मुझे ग़म सुनाने का ग़म कहाँ
रहे अनकही मिरी दास्ताँ, मुझे नुत्क़[8] पर वो उबूर[9] दे

ये जो ज़ुल्फ़ तेरी उलझ गई, वो जो थी कभी तिरी धज गई
मैं तुझे सवारूँगा ज़िन्दगी, मिरे हाथ में ये उमूर[10] दे

1 पास
2 अभिमान
3 तीव्र
4 नशा
5 शान्ति
6 टीस
7 वरदान
8 बोलने की शक्ति
9 कौशल
10 कार्य

सब हवाएँ ले गया मेरे समंदर की कोई
और मुझको एक कश्ती बादबानी[1] दे गया

1 पालवाली नाव

ग़ज़ल

किन लफ़्ज़ों में इतनी कड़वी इतनी कसीली बात लिखूँ
शे'र की मैं तहज़ीब[1] निबाहूँ या अपने हालात लिखूँ

1 परम्परा

ग़म नहीं लिक्खूँ क्या मैं ग़म को जश्न लिखूँ क्या मातम को
जो देखे हैं मैंने जनाज़े क्या उनको बारात लिखूँ

कैसे लिखूँ मैं चाँद के क़िस्से कैसे लिखूँ मैं फूल की बात
रेत उड़ाए गर्म हवा तो कैसे मैं बरसात लिखूँ

किस-किस की आँखों में देखे मैंने ज़हर बुझे ख़ंजर
ख़ुद से भी जो मैंने छुपाए कैसे वो सदमात[2] लिखूँ

2 सदमा का बहुवचन

तख़्त की ख़्वाहिश, लूट की लालच, कमज़ोरों पर ज़ुल्म का शौक़
लेकिन उनका फ़रमाना है मैं इनको जज़्बात लिखूँ

क़ातिल भी मक़तूल[3] भी दोनों नाम ख़ुदा का लेते थे
कोई ख़ुदा है तो वो कहाँ था मेरी क्या औक़ात[4] लिखूँ

3 जिसकी हत्या हुई
4 हैसियत

अपनी अपनी तारीकी[1] को लोग उजाला कहते हैं
तारीकी के नाम लिखूँ तो क़ौमें, फ़िरके[2], ज़ात लिखूँ

जाने ये कैसा दौर है जिसमें ये जुरअत[3] भी मुश्किल है
दिन हो अगर तो उसको लिखूँ दिन, रात अगर हो रात लिखूँ

1 अंधकार
2 वर्ग
3 हिम्मत

सुबह की गोरी

रात की काली चादर ओढ़े
मुँह को लपेटे
सोई है कब से
रूठ के सबसे
सुबह की गोरी
आँख न खोले
मुँह से न बोले
जब से किसी ने
कर ली है सूरज की चोरी

आओ
चल के सूरज ढूँढें
और न मिले तो
किरन-किरन फिर जमा करें हम
और इक सूरज नया बनाएँ

सोई है कब से
रूठ के सबसे
सुबह की गोरी
उसे जगाएँ
उसे मनाएँ

मेरी दुआ है

ख़ला[1] के गहरे समंदरों में
अगर कहीं कोई है जज़ीरा[2]
जहाँ कोई साँस ले रहा है
जहाँ कोई दिल धड़क रहा है
जहाँ ज़हानत[3] ने इल्म[4] का जाम पी लिया है
जहाँ के बासी
ख़ला के गहरे समंदरों में
उतारने को हैं अपने बेड़े
तलाश करने कोई जज़ीरा
जहाँ कोई साँस ले रहा है
जहाँ कोई दिल धड़क रहा है

मेरी दुआ है
कि उस जज़ीरे में रहनेवालों के जिस्म का रंग
इस जज़ीरे के रहनेवालों के जिस्म के जितने रंग हैं
उनसे मुख़्तलिफ़[5] हो

1 अंतरिक्ष
2 द्वीप
3 बुद्धिमत्ता; 4 ज्ञान
5 भिन्न

बदन की हैअत[1] भी मुख़्तलिफ़
और शक्लोसूरत भी मुख़्तलिफ़ हो

मिरी दुआ है
अगर है उनका भी कोई मज़हब
तो इस जज़ीरे के मज़हबों से वो मुख़्तलिफ़ हो

मिरी दुआ है
कि इस जज़ीरे की सब ज़बानों से मुख़्तलिफ़ हो
ज़बान उनकी

मिरी दुआ है
ख़ला के गहरे समंदरों से गुज़र के
इक दिन
उस अजनबी नस्ल के जहाज़ी
ख़लाई[2] बेड़े में
इस जज़ीरे तक आएँ
हम उनके मेज़बाँ[3] हों
हम उनको हैरत से देखते हों
वो पास आकर
हमें इशारों से ये बताएँ
कि उनसे हम इतने मुख़्तलिफ़ हैं
कि उनको लगता है

1 रूप

2 अंतरिक्ष के जहाज़ों

3 मेहमान का सत्कार करनेवाले

इस जज़ीरे के रहनेवाले
सब एक से हैं

मिरी दुआ है
कि इस जज़ीरे के रहनेवाले
उस अजनबी नस्ल के कहे का यक़ीन कर लें।

पहले भी कुछ लोगों ने जौ बो कर गेहूँ चाहा था
हम भी इस उम्मीद में हैं लेकिन कब ऐसा होता है

ग़ज़ल

दुख के जंगल में फिरते हैं कब से मारे-मारे लोग
जो होता है सह लेते हैं कैसे हैं बेचारे लोग

जीवन-जीवन हमने जग में खेल यही होते देखा
धीरे-धीरे जीती दुनिया धीरे-धीरे हारे लोग

वक़्त सिंहासन पर बैठा है अपने राग सुनाता है
संगत देने को पाते हैं साँसों के इकतारे लोग

नेकी इक दिन काम आती है हमको क्या समझाते हो
हमने बेबस मरते देखे कैसे प्यारे-प्यारे लोग

इस नगरी में क्यों मिलती है रोटी सपनों के बदले
जिनकी नगरी है वो जानें हम ठहरे बंजारे लोग

मेरे कुछ पल मुझको दे दो, बाक़ी सारे दिन लोगो
तुम जैसा-जैसा कहते हो सब वैसा-वैसा होगा

ग़ज़ल

बहाना ढूँढते रहते हैं कोई रोने का
हमें ये शौक़ है क्या आस्तीं भिगोने का

अगर पलक पे है मोती तो ये नहीं काफ़ी
हुनर भी चाहिए अल्फ़ाज़[1] में पिरोने का

जो फ़स्ल ख़्वाब की तैयार है तो ये जानो
कि वक़्त आ गया फिर दर्द कोई बोने का

ये ज़िन्दगी भी अजब कारोबार है कि मुझे
ख़ुशी है पाने की कोई न रंज खोने का

है पाश-पाश[2] मगर फिर भी मुस्कुराता है
वो चेहरा जैसे हो टूटे हुए खिलौने का

1 शब्द

2 चकनाचूर

जुर्म और सज़ा

हाँ गुनहगार हूँ मैं
जो सज़ा चाहे अदालत दे दे
आपके सामने सरकार हूँ मैं

मुझको इक़रार[1]
कि मैंने इक दिन
ख़ुद को नीलाम किया
और राज़ी-बरज़ा[2]
सरेबाज़ार, सरेआम किया
मुझको क़ीमत भी बहुत ख़ूब मिली थी लेकिन
मैंने सौदे में ख़यानत[3] कर ली
यानी
कुछ ख़्वाब बचाकर रक्खे
मैंने सोचा था
किसे फ़ुरसत है
जो मिरी रूह, मिरे दिल की तलाशी लेगा

1 स्वीकार
2 अपनी मर्ज़ी से
3 बेईमानी

मैंने सोचा था
किसे होगी ख़बर
कितना नादान था मैं
ख़्वाब
छुप सकते हैं क्या
रौशनी
मुट्ठी में रुक सकती है क्या
वो जो होना था
हुआ
आपके सामने सरकार हूँ मैं
जो सज़ा चाहे अदालत दे दे
फ़ैसला सुनने को तैयार हूँ मैं
हाँ गुनहगार हूँ मैं

फ़ैसला ये है अदालत का
तिरे सारे ख़्वाब
आज से तिरे नहीं हैं मुजरिम!
ज़हन के सारे सफ़र
और तिरे दिल की परवाज़[1]
जिस्म में बहते लहू के नग़मे
रूह का साज़
समाअत[2]
आवाज़
आज से तेरे नहीं हैं मुजरिम!
वस्ल[3] की सारी हदीसें[4]

1 उड़ान
2 सुनने की शक्ति
3 मिलन; 4 पवित्र वर्णन

ग़मे-हिज्राँ[1] की किताब
तेरी यादों के गुलाब
तेरा एहसास
तिरी फ़िक्रो-नज़र[2]
तेरी सब साअतें[3]
सब लम्हे तिरे
रोज़ो-शब, शामो-सहर[4]
आज से तेरे नहीं हैं मुजरिम!
ये तो इन्साफ़ हुआ तेरे ख़रीदारों से
और अब तेरी सज़ा
तुझे मरने की इजाज़त नहीं
जीना होगा।

1 विरह के दुख
2 वैचारिक दृष्टि
3 क्षण
4 रात-दिन, शाम-सवेरे

हिल स्टेशन

घुल रहा है सारा मंज़र शाम धुँधली हो गई
चाँदनी की चादर ओढ़े हर पहाड़ी सो गई

वादियों में पेड़ हैं अब नीलगूँ[1] परछाइयाँ
उठ रहा है कोहरा जैसे चाँदनी का हो धुआँ

चाँद पिघला तो चटानें भी मुलायम हो गईं
रात की साँसें जो महकीं और मद्धम हो गईं

नर्म है जितनी हवा उतनी फ़िज़ा ख़ामोश है
टहनियों पर ओस पी के हर कली बेहोश है

मोड़ पर करवट लिये अब ऊँघते हैं रास्ते
दूर कोई गा रहा है जाने किसके वास्ते

ये सुकूँ[2] में खोई वादी नूर[3] की जागीर है
दूधिया पर्दे के पीछे सुरमई तस्वीर है

1 नीले रंग की
2 शान्ति
3 पवित्र उजाला

धुल गई है रूह लेकिन दिल को ये एहसास है
ये सुकूँ बस चन्द लमहों को ही मेरे पास है

फ़ासलों की गर्द में ये सादगी खो जाएगी
शहर जाकर ज़िन्दगी फिर शहर की हो जाएगी

चार क़तऐ

कत्थई आँखों वाली इक लड़की
एक ही बात पर बिगड़ती है
तुम मुझे क्यों नहीं मिले पहले
रोज़ ये कह के मुझ से लड़ती है

लाख हों हम में प्यार की बातें
ये लड़ाई हमेशा चलती है
उसके इक दोस्त से मैं जलता हूँ
मेरी इक दोस्त से वो जलती है

पास आकर भी फ़ासले क्यों हैं
राज़ क्या है, समझ में ये आया
उस को भी याद है कोई अब तक
मैं भी तुमको भुला नहीं पाया

हम भी काफ़ी तेज़ थे पहले
वो भी थी अय्यार[1] बहुत
पहले दोनों खेल रहे थे
लेकिन अब है प्यार बहुत

1 चालाक

बेघर

शाम होने को है
लाल सूरज समंदर में खोने को है
और उसके परे
कुछ परिन्दे
क़तारें बनाए
उन्हीं जंगलों को चले
जिनके पेड़ों की शाख़ों पे हैं घोंसले
ये परिन्दे
वहीं लौटकर जाएँगे
और सो जाएँगे
हम ही हैरान हैं
इस मकानों के जंगल में
अपना कहीं भी ठिकाना नहीं
शाम होने को है
हम कहाँ जाएँगे